Helmut Palmer

MEIN KAMPF

und Widerstand
im Filbingerland

1978
Marva - Genf

MEIN KAMPF

Marva CH-1211 Genf 26 – Case 254
ISBN 3 85800 005 1

Allen Opfern
behördlichen Starrsinns,
die sich nicht mehr wehren können.

INHALT

VORWORT

Remstal-Rebell Helmut Palmer hat sich des Geschehens in seiner Heimat Baden-Württemberg schriftlich nicht deswegen angenommen, weil sein allzu langjähriger Ministerpräsident Filbinger seit dem Mai 1978 «an- und ausgespien» wird. Mit Niederschrift seiner Beobachtungen, Schlüsse und Widerstandshandlungen begann der Bürgerrechtler bereits einen Monat früher. So ist dieses Buch nicht der 'Gnadenstoss'. Der erfolgt (oder ist erfolgt, wenn der geneigte Leser dieses Buch in Händen hält) aus den eigenen postenkämpferischen Reihen des «furchtbaren Juristen».

Der Kämpfer fürs Bürgerrecht, der im «Musterländle» jedem Kind bekannte schwäbische Obstgärtner Palmer, untersucht in seinem Buche die Frage, warum die Wiegen westdeutscher Terroristen zum grössten Teil im Filbinger-Lande und dort in sogenannten guten Häusern stehen. Seine Antwort ist eindeutig: Die volksferne Gewalt der jungen Wilden ist Gegenterror und hat ihre Ursache in der hier besonders abscheulichen Terrorisierung der Mitbürger durch eine Verwaltungs- und Justizmaschine, an deren Hebeln die alte Kaste schaltet wie einst im Mai (1945).

Palmer zeigt den Weg, der zwischen diesen beiden Gewalten in die geordnete Freiheit führt: Bürger-Selbstverwaltung. Wir bemerken mit wachsendem Erstaunen, dass diese Strasse begehbar ist. Der Südwestdeutsche Rundfunk hat behauptet, Palmer habe «als erster die Macht und die Möglichkeiten des passiven Wahlrechts» erkannt. Mit durchaus vom Grundgesetz gestatteten und von der christlichen Lehre geforderten öffentlichen Handlungen, zu denen ihn Präsidenten und Kanzler in Bonn mit Reden von «mehr Zivilcourage», von einem «Mehr an Demokratie» ermunterten, hat er als junger Mann den württembergischen Obstbauverband gezwungen, auf seinem eigenen Fachgebiet umzudenken. Als reifer Mann konnte er die Milliarden-Fehlplaner der Neckar-Alb-Autobahn mit der grösseren Sachkenntnis des Verkehrsteilnehmers in die Ecke drängen. Das Wort «Planungsverbrecher» stammt von ihm. In vielen Fällen genügten die fünf Silben, weiteres Unglück aufzuhalten.

Alarmglocken müssen in der Landeshauptstadt Stuttgart geschrillt haben, als Palmer bei der Oberbürgermeisterwahl in Schwäbisch-Hall als parteiloser Einzelgänger von fast der Hälfte der Bürger gewählt wurde. (Das Rennen machte dann doch mit Ach und Krach und der Unterstützung der Massenmedien der Einheitskandidat der drei etablierten Parteien.) Filbinger im Rundfunk: «Herr Palmer ist nunmehr sehr ernst zu nehmen.» Und der dem Anwärter auf den Bundespräsidenten-Sessel eng verbundene Beamtenprofessor Theodor Eschenburg im Fernsehen: «Partiell geistesgestört.» Von dem sogenannten Landesvater Filbinger, der sich «das Gehirn zermarterte» und der auch nach dieser Strapaze noch immer gewaltige Erinnerungslücken im Staatsjuristenhirn behielt, der sich an seine marine-stabsrichterlichen Todesurteile nicht erinnerte, hat Eschenburg ähnliches nicht behauptet. Mit Recht fragt Palmer, wie weit ein Mensch sich da vom Neandertaler höher entwickelt hat.

Letzter Stand: Wegen der Wortfindung «Nazi-Muss-Demokraten-Gemisch» verhängte das Amtsgericht Stuttgart im Sommer 1978 gegen den kämpferischen Bürgerrechtler aus dem Remstal zwei Monate Gefängnis – ohne Bewährung. «Es muss ihm endlich einmal gezeigt werden.»

Im Sommer 1978 MARVA

TAGE WIE ANDERE AUCH

Dieser Tag verlief wie mancher andere im schönen Frühling, wir schreiben das Jahr 1978.

Gleich nach dem Aufstehn geht es um 4 Uhr 30 in der Früh an die Tageszeitungen, die bei uns im Remstal bereits in der Nacht ausgetragen werden, auch an die Briefe, die ich gestern abend bei Heimkehr von meinem anstrengenden Geschäft auf dem grossen Tisch im Wohnzimmer liegen sah. «Herzlichen Dank dafür, dass Sie sich bei uns als Bürgermeisterkandidat aufstellen liessen,» heisst es in dem einen. «Mit Ihrer Wahlrede haben Sie uns voll überzeugt. Auch wir sind der Meinung, dass es zu viele Beamte und sogenannte «Fachleute» gibt.» Das Schreiben aus Urbach berichtet weiter von einem behördlichen Mitbewerber Strobel, der die dafür nötige Zeit hat, im Zuge des Wahlkampfes «unseren im Garten arbeitenden Frauen die Rosen zu schneiden». Der überwiegende Teil des Posteingangs enthält Zustimmung, die wenigen ablehnenden Brieflein sind anonym und zum Ausgleich für den fehlenden Absender überschlagen sie sich in Beschimpfungen, strotzen von Kloakenwörtern. Der deutsche Spiessbürger bleibt im Gleichschritt seiner Mitläufer-Mentalität, so war es und da soll es auch so bleiben, es lebe die westdeutsche Einheitspartei, Hans befiehl, wir folgen!

Einer dieser «Öffentlichen», so berichtet unsere Waiblinger Zeitung an diesem frühen Morgen, der Innenminister Späth, der wird morgen – an einem Samstag – nach dem Mittagessen in meiner Heimatgemeinde Geradstetten auftauchen. «Live-Sendung,» so heisst es im Blatt auf neudeutsch, «in Sachen Gartenhauskrieg.» Der «Südfunk Regional» ist demnach dabei, wo es um den behördlichen Abriss einiger hundert freundlicher Hütten arbeitender Menschen und Rentner in unserem Kleingartengebiet «Hörnle» geht. Ich werde hingehen, meinen Anteil am Kampf der gequälten Bürger gegen eine allmächtige und immer noch mächtiger werdende Verwaltungs-Maschine leisten. Dies ist mein Kampf, ich werde nicht aufgeben.

Neben der Späth-Meldung finde ich meinen Leserbrief, die Zeitung brachte ihn ungekürzt, unverfälscht, etwas besonderes in der heutigen Zeit. «Der Dr. Palm (zur Zeit Justizminister in Baden-Württemberg) fordert,» so hatte ich geschrieben, «geistige, moralische und politische Umkehr.» Mit Worten können sie klingeln, diese «Öffentlichen» (wenn man politisch umkehren will, dann überlässt man das Feld doch anderen), und so schliesst mein Brief mit dem landesbekannten Wechsel des Dr. Palm von einer Gliederung der grossen Einheitspartei im Westen unseres Vaterlandes in die andere: «Der Posten eines Staatssekretärs als Sprungbrett zum Minister war der glasklare Lohn für das Verlassen der FDP. Wenn solche Leute von Moral reden für andere, muss ich einen guten Wein trinken oder Schmerztabletten einnehmen.»

Meine beiden Lastwagen müssen beladen werden – die «Obstzentrale Helmut Palmer» handelt auf Märkten –, meine brave Frau hilft mir, bevor sie die Kinder versorgt. Die ersten Vögel üben gekonnt ihr Lied, daraus schöpfe ich Kraft. Um sieben Uhr früh treffe ich in Eislingen ein, lade aus, baue den Stand auf.

In diesem schönen Städtchen traten wir vor wenigen Wochen zur Bürgermeisterwahl an, auch hier war es das bei uns bekannte Strickmuster: zwei «Rechte», zwei «Linke» und der «Palmer». Aus Lauterstein hatte sich der rabenschwarze «Rechte» Mangold, seines Zeichens Bürgermeister dieser Stadt, herüberbemüht, sich angeboten, – in Wahrheit – um finanziell besser zu stehen. Mangold wurde abgeschmettert und so schwadronierte dieser Beamte dann am 31. März 1978 im «Mitteilungsblatt» seiner Stadt Lauterstein, in einem aus Steuergeldern bezahlten öffentlichen Druckwerk also: «Die Wahl in Eislingen ging für mich verloren, weil ein Palmer mit Lügen und Unterstellungen gegen mich auftrumpfte.» Hat der Mann 'Lügen' in seinem amtlichen Blatt geschrieben, darf er denn das? Aber sicher! Beamte dürfen noch viel mehr, noch viel stärker verunglimpfen, das werden wir noch sehen, unter anderem am Beispiel des Beamtenprofessors Theodor Eschenburg. Der Beamte hat immer recht, besonders bei allen Aufsichtführenden, die ja ebenfalls Beamte sind, und ganz besonders bei den Kollegen Richtern.

Dieser Bürgermeister Mangold kehrte leise in sein Lauterstein zurück und entschuldigte sich in der gleichen Ausgabe seines Behördenblattes sozusagen dafür, dass er geboren wurde: «Die sehr verehrten Bürgerinnen und Bürger» möchten für seine Kandidatur am anderen Ort Verständnis aufbringen. «Eislingen hat vom Tätigkeitsfeld her, wie auch von der finanziellen Seite aus eine Möglichkeit geboten, die von einem jungen Verwaltungsmann überlegt gehört». Doch nach seinem Fehlschlag auswärts gelte es, «Vertrauen für mich zu bewahren und zu respektieren.» Respekt, Herr junger Verwaltungsmann, Befehl ist Befehl! Nur: «Vertrauen ist gut,» sagte Lenin, «Kontrolle ist besser!» Da hatte er recht, der Alte von jenseits des Ural, der einen unkontrollierten Stalin nicht verhindern konnte.

Die «lieben Mitbürgerinnen und Bürger» Eislingens scheinen an diesem frühen Morgen eingeschüchtert. Man sieht also weg, als ich eintreffe. Darf man mit dem amtlich heruntergeputzten Palmer überhaupt noch sprechen? Selbst die benachbarte Käshändlerin Helga, die mir im Eislinger Wahlkampf noch Plakate von Hand gemalt hatte, wagt keinen Gegengruss. Ich stehe allein. Um 7 Uhr 30 schauen die Leute vorsichtig hinter Gardinen und aus verwinkelten Gassen hervor, wie Mäuse aus Löchern, so scheint es mir. Von Nachbarständen wagen Hausfrauen langsam verstohlene erste Blicke zu mir herüber. Da treten drei Mutige vor, kommen an meinen Stand, betrachten das gesunde Obst und kaufen es. Plötzlich strömt das Volk, die Leute stehen Schlange und um 11 Uhr 30 bin ich ausverkauft.

Meist läuft es so schön nicht. In Reutlingen, in Ulm, auch im benachbarten Schorndorf haben viele Menschen es mich nach Wahlkämpfen spüren lassen, dass ich ihre Kandidaten gedroschen hatte. In Reutlingen konnte ich durch lange Zeit so gut wie nichts mehr verkaufen. Umgekehrt wird ein Schuh draus, wenn Lästerzungen kleinkariertes Behördengeschwätz nachbeten: «Der Palmer macht Politik, um den Umsatz zu steigern.» Der Palmer hätte grösseren Umsatz, wenn er sich als gehorsamer Untertan erweisen, sich nur um sein Geschäft kümmern, das Maul halten und das Regieren den festbesoldeten «öffentlichen Dienern» (ein Witzwort für mich) überlassen würde.

Hier seien mir gleich eingangs einige grundsätzliche Betrachtungen sozusagen «zur Lage der Nation» gestattet: vor Wahlkämpfen erhält der staatsbesoldete Kandidat – bei vollen Bezügen – Sonderurlaub, Wahlurlaub, meist durch zwei volle Monate. Der Freiberufliche oder der in der privaten Wirtschaft Tätige muss nach des Tages Mühen an seinem Feierabend wahlkämpfen. Das ist der eine Unterschied. Zum zweiten: der «Öffentliche» bezieht, ist er einmal gewählt, – immer noch, trotz gegenteiliger Zeitungsmeldungen – neben seinem Parlamentarier-Gehalt sein 'Öffentliches-Dienst-Salär'. Er steigt weiterhin, das ist das dritte, ohne dienstliche Anteilnahme auf der Beamtenschleichbahn vom Inspektor zum Oberinspektor, vom Studiendirektor zum Oberstudiendirektor undsoweiter, die Titelliste ist sehr lang. Der gewählte Schaffende hingegen verdient nichts dazu, wenn er nicht arbeitet. Ohne Leistung befördert, das heisst fördert ihn keiner. Hier liegt doch wohl der Hase im Pfeffer. Hieran liegt es ganz sicherlich, wenn unsere Parlamente inzwischen zur Hälfte, oft bereits weit darüber, mit den «Öffentlichen» bestückt sind. Die «Diener des Staates» (es darf gelacht werden), die Gesetze ausführen sollen, sie machen diese Gesetze bei uns selber. Die arbeitenden Menschen bleiben da ausgeschlossen, völlig lebensunkundige behördliche Juristen führen das grosse Wort in den Ausschüssen, von Jahr zu Jahr mehr.

Alle wissen darüber Bescheid. Der Präsident unserer Republik beklagt es in öffentlichen Reden, wenn er zum Volke spricht, laut und dann – legt er die Hände wieder in den Schoss zurück. Welch feiner Mann. «Eine Hand,» so sagt man, «wäscht die andere.» Und die Springersche «Welt» brachte am 23. Januar dieses Jahres die Balkenüberschrift: «Der Übermut der Bürokratie wird nur von ihrer Trägheit übertroffen.» Manchmal entfährt mir bei diesen Betrachtungen ein «Mein Gott, Walter!» Die mir Angetraute bremst: «Helmut, keine Beamtenbeleidigung!»

Ein Anruf aus Eislingen ergibt, dass meine Frau von ihrem Verkaufseinsatz noch nicht zurück ist. Ein Kalbsschnitzel mit Meerrettich im «Eichenhof» tut es. Und weiter geht es auf der Verkaufsfahrt mit neu herbeigeschaffter Ware nach Urbach bei Schorndorf. Durch starken Verkehr behindert, erreiche ich den Rathausmarkt eine Viertelstunde später als in einer Zeitungsanzeige angekündigt. Die Wartenden murren nicht, eine Frau bemerkt meine im Beruf zugezogenen Kreuzschmerzen, hilft beim Standaufbau, und während meiner Erklärungen über die staatlich anerkannte Mordstrecke B 29 ertönen gerade wieder die Martinshörner. «Ja, ja,» sagen die Leute, «so ischs fascht alle Däg.» Ihr Wunsch ist, dass diese

Unglücksstrasse endlich aus dem Dorf hinauskommt, der Plan dafür liegt seit dreissig Jahren in behördlichen Schubladen. Frauen mit grossen Spankörben dürfen sich zwei Pfund Zwiebeln (bei uns gibts keine Kilo) zusätzlich einpacken: Umweltschutz.

Weiter gehts nach Oberurbach. Die Kundschaft bleibt aus, im Café Höfer bestelle ich eine Tasse Kaffee. «Geht nicht,» erklärt die allein anwesende Tochter des Hauses ohne grosse Freundlichkeit, «ich muss zum Rechtsanwalt.» «Om was gohts denn?» Und da sprudelt es heraus: zur Polizeistunde schloss sie das Lokal, wie vorgeschrieben. Ihr Freund blieb, das Licht blieb an und um 1 Uhr in der Nacht kletterte ein junger Polizist an der Wand hinauf, klopfte an Scheiben, sprang hinab und rüttelte an der Tür, drohte mit allem möglichen und rief schliesslich laut etwas von einem Durchsuchungsbefehl (den es nicht gab) und dann störte er, endlich eingelassen, den häuslichen Frieden. «Und jetzt fünfhundert Mark Strafe,» rief unter Tränen Fräulein Höfer (nicht doch für den Polizisten, natürlich für sie, die nicht vierzehn, sondern achtundzwanzig Jahre alt ist).

Durch meinen deutsch-jüdischen Blutsanteil habe ich als Junge in jenen Jahren des Zweiten Weltkrieges möglicherweise ein wenig besser als andere aufgepasst. Der Lehrer – ganz pflichtgetreuer Beamter – erteilte mir den Namen «Moses». Nach dem Kriege gelangte er dann, mit Persilscheinen gespickt, in den Schuldienst zurück, zur demokratischen Erziehung der heranwachsenden Kleinen. (Als ich später in die Schweiz gewechselt war, da war ich dann dort der

«Hitler-Junge», das nebenbei). Jedenfalls achtete ich bereits in diesen schrecklichen Jahren auf die «Grünen», als sie zu «Einsatz-Kommandos» geformt wurden und abzogen, um im Osten unter dem «Pack» aufzuräumen. Und ich sah auch, wie ihre gleichen Offiziere (Heydrichs Offiziere), kaum war der Frieden ausgebrochen, neue «Grüne» auszubilden begannen. Seitdem nenne ich sie insgeheim und für mich «die Immergrünen».

Von Fräulein Höfer erbitte ich an diesem Nachmittage ihren Strafbefehl und erhalte ihn auch, man nennt mich «Bürgeranwalt», ich werde mich kümmern. Zum Dank geht die Erleichterte mit an meinen Stand, stellt sich als Einheimische daneben und nun fassen die Leute Mut, beginnen zu kaufen. Viel bleibt nicht im Wagen. Geschäftlich war der Tag lohnend, und ich gehe über zu dem, was ich meinen «Kampf» nenne.

Nach einer schnellen Dusche und hastigem Abendbrot fahre ich nach Urbach zurück, wo für 20 Uhr meine dortige Kundgebung für die Bürgermeisterwahl dieses Jahres in der Gemeindehalle angekündigt ist. Der Saal ist wenige Minuten vor dieser Stunde immer noch nicht geöffnet. Als ich eintreffe, fahren die ersten Besucher bereits wieder ab, so kann man es auch versuchen, was soll mein frischer Wind im Ort? Schliesslich, nach einigem Herumlaufen, regelt sich das, die Tür geht auf und gegen einen Unkostenbeitrag von drei Mark gibt es Einlass. Meine Verkäuferin gibt den Eintretenden eine Schallplatte zur Karte. Über diese VfB-Platte Stuttgart, mit der ich um etwa 30.000 Deutsche Mark geprellt worden bin, werde ich mich hier nicht weiter auslassen.

Plötzlich kommt der Wohlstandsdeutsche in Person, ein spickfetter Kerl, ohne eine Falte der Mühsal im Gesicht. Er will vorbei, will durch, ohne zu zahlen und irgendwelchen Erklärungen ist er nicht zugänglich. Nichts will er hören davon, dass Beamte bei Wahlkämpfen bei vollen Bezügen beurlaubt sind und dass wir anderen ohne irgendeine Vergütung kandidieren. Dass wir anderen ohne Wahlpropaganda in amtlichen Mitteilungsblättern oder in schön gefärbten behördlichen Schriften sozusagen nackt dastehn. Nein, er will durch, den Palmer hören und das sofort und umsonst. So muss der Dicke umdrehn. Im Saale zählen wir inzwischen siebzig Personen. Ein Heranwachsender, die Zigarette in der Hand, ist unzufrieden: «Das finde ich aber nicht gerecht, dass es für Jugendliche keine Ermässigung gibt.» Ich sage ihm: «Gehn Sie mal rein, hören Sie bitte zu, und dann werden Sie verstehn, warum es keine Ermässigung geben kann.»

Nach meiner Rede, die überraschend viel Zustimmung und Beifall erhält, dringt bei der Bevölkerung die Empörung über den bereits erwähnten amtlichen Wahlbewerber Strobel, der den Frauen im Ort die Rosen beschneidet, laut durch. Am Abend zuvor hatte nämlich dieser Kandidat mich auf seiner Versammlung im «Rössle» von Oberurbach, wo er ganze sieben Menschen hatte versammeln können, mit dem vollen Gewicht seiner Amtsgewalt angenommen. Und dieser kleine Wahlkampfunfall hatte sich herumgesprochen. Seine Versammlung – in der Zeitung als «öffentliche Veranstaltung des Kandidaten Strobel» angekündigt – war für den Palmer, als er nach Schluss der zweifelhaften Strobelschen Ausführungen eine Frage zu stellen wagte, plötzlich eine «geschlossene Gesellschaft.» «Sie, Herr Palmer,» so beantwortete der Kandidat Strobel die gestellte Frage, «haben hier nichts zu fragen, hierher sind nur Urbacher Bürger geladen.» Natürlich gab ein Wort das andere und schliesslich holte der kreidebleich gewordene hoffnungsvolle Bürgermeisterkandidat den Wirt Espenlaub zur Verstärkung heran. Der zuckte mit den Schultern, zitterte wie Espenlaub (man verzeihe mir das Wortspiel) und mit belegter Stimme bat der «Rössle»-Besitzer mich, der durch achtundzwanzig Jahre sein Gast gewesen war, das Feld zu räumen. Der Beamte hat immer recht, wir wissen es schon. «Der Freiheit eine Gasse,» ich ging.

An diesem Abend heisst es im Gemeindesaal von Urbach – wieder einmal –, dies alles, dieses ewige Amtsanmassen, gehöre doch endlich einmal aufgeschrieben. Und so endet dieser Tag, der sich zur Ruh legt, mit dem Beginn dieses Buches. Es soll – über das Remstal hinaus – den Menschen, die auf Änderung unserer Amts-Diktatur drängen, Handreichung sein, soll ihnen aber auch sagen, wie es zu meinem «Kampf ums Bürgerrecht im Filbingerland» überhaupt kam, warum es zu diesem Kampf kam und auf welche Art ich ihn führe. Inzwischen ist es weit nach Mitternacht und nach der für heute nachmittag erwarteten Späth-«Live-Sendung» werde ich weiter berichten. Jetzt gehe ich schlafen, müde von und zufrieden mit diesem langen Tage.

An diesem folgenden Samstagabend setze ich meinen Bericht fort; das kann ich, um es gleich zu sagen, kurz machen: zwischen mich und den ankommenden Minister Späth stellte sich ein frischer «Grüner» mit drohender Gebärde und schwarzer Maschinenpistole, «Stehengeblieben hier!» So blieb der gut abgeschirmte Herr Minister, wie üblich im Lande, vor Volkes Stimme bewahrt.

Doch ich berichte – wie vom gestrigen – so auch vom heutigen Tage, bevor ich im weiteren den versprochenen Überblick über Kampfraum und Kampfzeit gebe: heute war Markt in Schorndorf. Die Marienkirche der Stadt schlägt 8 Uhr, der Morgen ist herrlich frisch, der Himmel strahlend blau, das Thermometer zeigt ein Grad minus Null, etwas zu kalt für unser Remstal. Die Schorndorfer Freunde und Käufer kommen, Hände werden geschüttelt. In meinen Zeitungsanzeigen biete ich mein Obst und prangere ich behördliche Missstände an, gleichzeitig, «Vermischtes» oder «Palmer Nachricht vermischt» nenne ich das. «Wir sind einfach so froh,» sagt ein etwa siebzigjähriges Weible, «wenn Sie etwas in der Zeitung schreiben. Das versteht man. Das ist Balsam für eine wunde Bürgerseele. Sie treffen den Nagel auf den Kopf.»

Zwischendurch gehe ich in das nebenan gelegene Büro der Schorndorfer Zeitung und gebe mein Montagsinserat auf. Die Anzeige nennt meine nächsten Verkaufszeiten und befasst sich mit der Wahl in Urbach, die nun morgen am Sonntag stattfinden soll. Im voraus bedanke ich mich bei meinen Wählern, etwa zehn Prozent der Stimmberechtigten werden es sein. Wahlkampf auf dem Dorfe ist unendlich viel schwerer als der in Städten. Die Menschen auf dem Lande sind nicht dümmer, jedoch mehr eingeschüchtert und daher politisch weniger ansprechbar als Stadtbewohner. «Wider den Strom schwimmt man nicht,» diese einfache, etwas zu einfache Volksweisheit hat sich auf dem Lande gehalten.

Um 14 Uhr stehe ich voller Erwartung in Geradstetten. Minister Lothar Späth kommt pünktlich. Gerade hat er nach der Baader-Meinhof-Filbinger-Blamage in Stammheim den abgeschossenen SA-CDU-Innenminister Schiess abgelöst. Man muss in diesem Lande nicht fragen, wo so ein Landesminister ankommt. Dort, wo ein gutes Dutzend Polizisten mit glänzenden Mercedes-PKW stehen, dort ist es. Und hier in Geradstetten ist das Gelände am Bahnhöfle Platz der Ankunft. Herr Minister kommen jedoch nicht per Bahn, sondern fliegen die paar Kilometer aus der Luft heran, per Polizei-Hubschrauber. Ich entrolle mein Transparent: «Herr Späth, kümmern Sie sich nicht um gediegene nette Wochenendhäuschen, kümmern Sie sich besser um die Hochhäuser des Grosskapitals, welche das Remstal versauen! Der Terror beginnt im kleinen durch die Bürokratie!» Und da kommt er schon an, der bürokratische Terror, schon steht er da leibhaftig vor mir, der Uniformierte mit blitzenden Knöpfen und Augen, mit drohender Maschinenpistole versperrt er meinen Weg. «Stehengeblieben! Keine Störung hier!» Die eingeflogene Obrigkeit kann ihren Amtsgeschäften ungestört nachgehen, Volkes Meinung braucht sie nicht zu erfahren, da steht Späth-Polizei davor.

GROSSVATER, SCHULE, KIRCHENHÄHNE

Diese drei Obrigkeiten haben in Geradstetten meine Kindheit bestimmt, nur die erste habe ich in guter Erinnerung.

Mein Grossvater war ein echter Schwabe, ein Deutscher, der nach den Schlachten des Ersten Weltkrieges vor Verdun zum Nachdenken gekommen war und mit der grössten Hochachtung vor den Franzosen ganz auf der Linie Stresemanns lag, den die anderen «Erfüllungspolitiker» nannten: Ausgleich und Frieden mit Frankreich. Wohl von daher war für ihn der Hitler ein «Lump», anders habe ich es auch während der Blitzsiege nie aus seinem Munde gehört.

Mir ist in guter Erinnerung seine Friedrichshafener Erzählung: Nach einer Verwundung am Hartmannsweilerkopf bewachte er französische Kriegsgefangene und bei Nacht gingen ihm plötzlich zwei auf und davon, in Richtung auf den Bodensee. «August, schiess!» rief es und Grossvater hatte damals den Karabiner sinken lassen: «Auch sie haben Mutter, Frau und Kinder.» Er wusste einiges von den beiden und er wusste auch, dass es sie keineswegs in das Grauen bei Verdun zum Töten, sondern in die Sicherheit der nahen Schweiz zum Leben zog. Die mit einem Boot Entkommenen haben sich später mit einer Karte bedankt.

Nach dem, was ich heute weiss, glaube ich, dass dem Hans Karl Filbinger an der Friedrichshafener Stelle meines Grossvaters der Karabiner losgegangen wäre. Ich bin da sogar ganz sicher bei dem allzu langjährigen Ministerpräsidenten unseres Landes Baden-Württemberg und da könnte mir – obwohl oder weil ich mich als guter Christ fühle – ein Messer in der Tasche aufgehen. Doch ich bleibe bei dem, was ich auch vor Jahren dem Günter Wallraff antwortete, als er mich verwundert fragte, wieso ich nach allem Erlebten eigentlich immer noch nicht Terrorist geworden sei: «Gottes Mühlen mahlen langsam, wir müssen nur an den Schwungrädern mitdrehn.» Dabei war Wallraffs Frage nur allzu berechtigt im Filbingerlande, in dem bekanntlich die meisten Wiegen westdeutscher Terroristen standen.

Meine Wiege befand sich in Geradstetten im schönen Remstal im alten Fachwerkbauernhause meines Grossvaters August Johannes Palmer, von dem aus er seine kleine Landwirtschaft betrieb und das heute mein Wohn- und Lagerhaus ist. «Unruhe ist die erste Bürgerpflicht!» leuchtet es mit grossen Lettern aus einem der oberen Fachwerke. Dort wurde ich 1930 als uneheliches Kind seiner einzigen Tochter Emma geboren, mein Vater war deutscher Jude und er ist, als das Verhängnis nahte, gegangen. So nannte ich die Grosseltern Mutter und Vater und meine leibliche Mutter rief ich «Mamma», die vier Söhne der Grosseltern waren mir Brüder.

Das Wort Halbjude ist mir noch heute ein Greuel. Mit dem Judentum kann ich in Deutschland nichts anfangen, ich fühle mich als Vollschwabe und wer mich ausserhalb der Landesgrenzen erlebt, sieht auf Anhieb in mir den Urschwaben. Vom schwäbischen liberalen Geiste bin ich geprägt wie ein Südfranzose es vom sonnigen Midi ist und ein Schotte von seinen kargen Bergen.

In der Schule war es der Lehrer Fetzer, der mir den Beinamen «Moses» verpasste. Damit erst begann ich zu glauben, dass die Juden vom Teufel stammen müssten. Abends in meinem Kämmerlein betete ich nicht mehr wie von der Grossmutter erlernt «Engelein komm, mach mich fromm, dass ich in den Himmel komm», sondern unter bitteren Tränen: «Lieber Vater im Himmel, lass es nicht wahr sein, dass mein Vater Jude ist.» Dieser Fetzer fragte mit grosser Vorliebe nach meinem verschwundenen Vater, wie er es übrigens gerne auch bei den anderen Kindern, die von unehelicher Geburt waren, vor den Mitschülern im Klassenzimmer tat. Wir bissen die Zähne zusammen und antworteten gepresst, rot vor Scham.

Oft erschien dieser unser Klassenlehrer in blankgewichsten Reitstiefeln, die Tür flog auf und knallte ins Schloss. Nach dem markigen «Heil Hitler!», alle Hände flogen hoch, kam die gebrüllte Frage: «Wer ist schuld am Krieg?» und wir mussten zurückschreien: «Die Juden!» «Wer ist schuld, dass wir ohne Kolonien sind?» Und unser Kinderchor wusste es: «Die Engländer!» Vor Angst schiss ich anfangs in die Hose, gnädig wurde ich nach Hause zur Reinigung entlassen. Als der Schwindel vorbei war, klopfte dieser Mann als erster bei mir mit der Bitte um einen 'Persilschein', also um ein Entlastungszeugnis, mit dem Wortschwall, er habe doch nur nach den eben vergangenen Begriffen seine Pflicht erfüllen müssen, auch eine Oberaufsicht gehabt undsoweiter. Wir kennen zur Genüge diese Redensarten von unserem sogenannten Landesvater und von seinen Parteikumpanen. Unnötig zu sagen, dass Fetzer bald wieder im Schuldienst war.

Meine Lehrer, die nicht so schlimm wie dieser waren, gingen Anfang des Krieges zur Wehrmacht oder Waffen-SS. Vor Nationalsozialisten, die für ihre Überzeugung schliesslich den Kopf hinhielten, habe ich auch heute noch Achtung. Vor denen, die anderen in der Etappe den Kopf mit Paragraphen abnahmen, nicht. Und überhaupt nicht, wenn auch sie den seit 1945 so beliebten Antinazismus für sich in Anspruch nehmen. Vor dem Geschmeiss empfinde ich Ekel.

Der Lehrer Otto Schäfer schrieb in mein Zeugnis: «Helmut ist gutwillig, lernt leicht, hat eine gute Beobachtungsgabe, zuweilen ist sein Temparament etwas überschüssig.» Die mich kennen, meinen, so sei ich geblieben. Die Staatsanwälte des Landes, die mich nicht kennen, halten mich unisono für böswillig. Der Beamtenprofessor Theodor Eschenburg, der mich nie erlebte, stellte den Palmer im öffentlichen Fernsehen als Idioten dar. Mein Plan, den jedem Regime angepassten Beamten-Unterdrückungs-Apparat mählich durch frei gewählte Bürgervertreter auf- und abzulösen, muss den Filbinger-Vertrauten zu diesem öffentlichen Schlag unter die Gürtellinie getrieben haben. Was kann es anderes gewesen sein?

Einen grossen Teil unserer Zeit verwandten wir damals darauf, Altmetalle zusammenzutragen und Kräuter zu sammeln. Da lag ich immer an der Spitze und heute denke ich daran zurück mit Max Frisch: Der Mensch in der Minderheit versucht, durch besondere Leistungen den Anschluss an die Mehrheit zu finden.

Schliesslich durfte ich – nach öffentlichen Beratungen, die für mich Zehnjährigen barbarisch waren – das Braunhemd des Jungvolks tragen und mitmarschieren. Unser Dorf habe ich in Erinnerung mit seinen roten Hakenkreuzfahnen aus fast jedem Hause, aus den Gaststätten, mit seinen Lautsprechern, Trommeln und Fanfaren. In der Hitler-Jugend führte mein Lieblingsbruder Reinhold, Jahrgang 1919, den Spielmannszug, er war der Tambourmajor und genoss hohes Ansehen. Mich nahm er bei seinen Fahrten durch Auen und Wälder vorn auf der Lenkstange seines Fahrrads mit. Reinhold besuchte, damals etwas seltenes im Dorf, die Realschule in Stuttgart. In seinem Windschatten kam ich als Junge über die Runden.

Zurück zu unserem Schulwesen, oder soll ich sagen -unwesen? Die Lehrerin weinte vor Rührung, wenn wir ihr zu Führers Geburtstag Blumen mitbrachten. Auf der Realschule ging es ähnlich gefühlvoll her, dort hiess ein Aufsatzthema: «Wäre Goethes Werther zu retten gewesen, wenn es damals schon eine SA gegeben hätte?» Trotz überdurchschnittlicher Leistungen lehnte der sogenannte Lehrkörper den von mir gewünschten Übergang auf die Realschule ab, im feineren Sprachgebrauch war der Moses der Mischling.

Im Jahre 1973, bei der Oberbürgermeisterwahl in Schwäbisch-Hall, wo schliesslich über 40 Prozent der Mitbürger dem Palmer ihre Stimme gaben, schrieb mir in der Zeitung der Mitbewerber und Schulmann Dr. Klaus Nagel: «Sehr geehrter Herr Palmer, ich halte Sie durchaus für einen Mann mit Ideen. Doch wie Sie auf dem Marktplatz selbst ausführten, wurden Sie durch ungleiches Bildungsangebot und Weiterbildungsmöglichkeiten benachteiligt. Wollen Sie diese Erkenntnis nicht unseren Kindern zugute kommen lassen?» (Dieser Lehrer schreibt, das nebenbei, ein falsches Deutsch, er wollte 'fehlende' Weiterbildungsmöglichkeiten behaupten). Was er sagen wollte, war: «Ziehen Sie Ihre Bewerbung zurück und lassen Sie mich ran.» Viel gemeiner gehts ja wohl nicht: «Weil wir Lehrer dich dumm zu halten versuchten, misch dich nicht in öffentliche Dinge, sondern überlasse auch die noch uns.»

Eher stimme ich mit Ivan Illich überein, der von uns fordert «eine respektlose Einstellung gegenüber den Experten», und der behauptet, dass von einer «gewissen Schwelle an der Schulzwang die Bedingungen des Lernens zerstört.»

Hat Dr. Nagel nie gehört vom Sattler Friedrich Ebert, der Reichspräsident, nie gehört vom Tischler Egon Franke, der Bundesminister (und Chef der Kanalarbeiter) wurde? Was die seit 1945 immer mehr in die Land- und Kreistage, in die Parlamente eingesickerten Lehrer angerichtet haben, das erleben wir täglich: Bei dem ungeheuren Schuldurcheinander ist die Freizügigkeit in der Bundesrepublik für Eltern mit Kindern abgeschafft, die Wirtschaft nimmt ihre Führungskräfte inzwischen aus der Praxis und immer seltener von den Universitäten. Die Akademiker-Arbeitslosigkeit ist da. Ich bezweifle überhaupt, dass diejenigen, die mit sechs Jahren das Klassenzimmer betreten und die dann sehr bald beschliessen, ihr Leben darin gesichert zu verbringen, um nicht mit der rauhen Wirklichkeit des Lebens in Berührung zu kommen, dazu berufen sind, in unseren öffentlichen Dingen entscheidend zu bestimmen.

So ähnlich gilt es für alle, die den gesicherten Weg eines «öffentlichen Dieners» einschlugen. Den Dr. Nagel traf ich im Haller Wahlkampf in der gleichen Zeitung auf den Kopf: «Die Beweglichkeit, die ein Privatmann, ein Geschäftsmann von Natur aus hat und haben muss, wenn er vorwärtskommen will, hat ein Beamter noch nie kennen gelernt, sonst wäre er gar nicht Beamter geworden, und das gleiche gilt für die Herren von der Justiz, egal welchen Titel sie sich ersitzen. Die Schwerfälligkeit, welche Beamte im allgemeinen haben, erkennen wir heute auf Schritt und Tritt, wobei zusätzlich zu sagen ist, dass die Schwerfälligkeit mit der Aufblähung des Verwaltungsapparates sich fortlaufend vergrössert bis zur völligen Lähmung beispielsweise bei den europäischen Institutionen in Brüssel. Keine Verwaltung ernährt und erhält sich aus eigener Produktivität, sie «verwaltet» eben und wälzt die Defizite auf den Steuerzahler ab. Wichtig ist zu wissen, warum das so ist. Ich kann es Ihnen aus tausendfacher Erfahrung sagen, und Ihre eigenen Erfahrungen werden es Ihnen bestätigen:

1. Der Beamte hat zuviel Sicherheit und daher fehlt ihm zwangsläufig der Leistungsansporn. Welcher Arbeiter oder Angestellte hat Sicherung seines Arbeitsplatzes auf Lebenszeit, oder gar welcher Geschäftsmann?
2. Das System der Beförderung nach Dienstjahren anstelle

nach Fleiss und Können steht jedem Leistungsansporn diametral entgegen.

3. Die gleichgeschaltete Vergütung aller Beamten nach BAT bewirkt wiederum nichts anderes als Leistungsminderung. Deshalb würde ich mich bei meiner Wahl zu allererst um einen Modus bemühen, der Fähigkeit, Fleiss und nicht zuletzt auch echte Hilfsbereitschaft gegenüber dem Bürger fördert.»

Doch mein «zuweilen etwas überschüssiges Temparament» ist vorgeprescht und damit zurück ins Remstal. Auch zu uns kam nach den Blitzsiegen der Krieg mit seinem nächtlichen Gebelle der Flakgeschütze rings um Stuttgart, mit seinen Bombern, den fliegenden Festungen, die in unsere Kirschbaumgärten stürzten. Eine Nachbarin schlachtete ihren von einem Splitter verletzten Hahn und erklärte dabei lachend den Umstehenden: «So wirds dem Hitler auch bald ergehn.» Am nächsten Tage war sie nicht mehr da, in der Nähe, das wussten selbst wir Kinder, gabs das Konzentrationslager Welzheim.

Aus dem Osten kam mein Bruder Reinhold, inzwischen Offiziersanwärter, und wir sassen an unserem grossen Kirschbaumtisch, es wurde Abend und stockend begann er zu erzählen: «Vater, du hast recht. Ich muss es dir sagen. Wir mussten Juden erschiessen, jeder von ihnen musste selbst graben, dann haben wir ins Genick geschossen und der nächste musste ihn, bevor er drankam, zuschaufeln.» Plötzlich dachte ich, mein Blut steht still, ich bin vom Tisch weggewankt und in mein Bett, das Kissen habe ich voll geweint, bis dahin wusste ich nicht, dass soviel Wasser aus den Augen kommen kann. Und die Frage bohrte, ob auch von mir etwas dabei gewesen sei.

Nie habe ich nach dem Kriege die Mitbürger verstanden, die vor den 1945 ausgehängten Plakaten standen und jammerten: «Wir haben von den Konzentrationslagern nichts gewusst.» «Was hätten denn wir dabei machen sollen?» «Wir mussten doch an unserem Platz unsere Pflicht erfüllen.» Und ich denke an einen Film, der 1958 im englischen Fernsehen gezeigt wurde: Der Atomkrieg ist aus, die Erde verwüstet. Der russische Leutnant, der den Atomkrieg ausgelöst hatte, vor dem höchsten Richter: «Ich sah eine grosse Rauchfahne und dachte, das wärs. Da habe ich auf den Knopf gedrückt. Irren ist doch menschlich, nicht wahr?» So wird einer nach dem anderen aufgerufen und die Reihe kommt an Mr. Smith aus London: «Gottvater,» stöhnte er, «ich habs ja immer gewusst, so musste es ja kommen. Ich habs auch immer meiner Frau gesagt. Aber was sollte denn ich machen, der 'man of the street', ausgerechnet ich?» Da donnerte es ein gewaltiges «Schuldig!», die Verhandlung war geschlossen.

Wir Menschen sind alle, der eine mehr, der andere weniger, mit Schuld beladen. Es kommt darauf an, wie wir damit fertig werden. Und da denke ich an einen Gottesdienst, den ich im Kronstadt Rumäniens in einem kleinen Kirchlein erleben durfte. Der Pfarrer sprach zu seinen bedrängten Landsleuten über das Luther-Wort: «Oh, was frägst du danach, was du erreichst. Und wenn du nur einen Strohhalm aufliesest, wäre es besser als nichts zu tun.» Als Reinhold 1942 vor Charkow fiel, da gab der Grossvater die Anzeige auf. «Für den Führer gefallen,» das kam nicht mit hinein, der Text der Gefallenenanzeige war also unüblich. Das war einer der Strohhalme, die mein Grossvater aufgelesen hat.

Als wir 1944 konfirmiert wurden, da gab es keine Sonntagspredigt unseres Pfarrers Fischer, in der nicht vor dem Amen der Segen des Allmächtigen auf das Haupt des Führers herabgefleht wurde. Oft kamen mir die Predigten unseres Kirchenmannes wie reine Parteireden vor, in den Bänken sassen ausser uns Jungen und Mädchen zumeist nur die alten Weiblein und einige Kirchenmänner Geradstettens. Und dann entsinne ich mich noch des ersten Gottesdienstes nach Kriegsende im Mai 1945: Voll wie noch nie war die Kirche, viele mussten stehen. In den ersten Bänken sassen die wirklichen Nazis des Dorfes, die ihren Kindern bis dahin den Kirchgang – und auch das Spielen mit dem 'Moses' – verboten hatten. Die grinsend zugeschaut hatten, wenn der um einige Jahre ältere hagere Adelsspross von Teufel über die Strasse gesaust war und mich angespuckt hatte: «Heut schlagen wir den Juden», eine Narbe am Knie blieb mir davon. Der gleiche Pfarrer Fischer nahm das Wort 'Führer' wieder in den Mund, doch diesesmal war es der Abgesandte des Teufels, von dem er da sprach. Ich sah zu den älteren Kirchenmännern und erwartete irgendwie, dass sie eingreifen würden, ich hätte ihnen beigestanden. Zufrieden mit der vollen Kirche und der schönen Predigt blickten sie mit gefalteten Händen still und versonnen vor sich hin.

Auf diesen kirchlichen Boden konnte dann ein Filbinger frisch, fromm, fröhlich fallen – auch da sind wir nicht ohne

Schuld. Mit der sogenannten Stunde Null, etwas übertrieben bei unserer tausendjährigen Geschichte, war der Gedächtnisverlust zur Staatsreligion erklärt worden. In unserer Dorfkirche erlebte ich, wie in den Bänken die Volksgemeinschaft der Mitläufer sich in eine pseudochristliche Gemeinschaft der «Menschen guten Willens» verwandelte. Uns Jungen hatten diese Männer in den ersten Bänken wenige Wochen zuvor, als die Amerikaner im Anmarsch waren, mit dem Bau von Panzersperren beauftragt, die wir mit Panzerfäusten verteidigen sollten. Als der Beobachtungsflieger der amerikanischen Artillerie, der das Feuer zu leiten hatte, an Führers Geburtstag 1945, also am 20. April, auf unser Geradstetten zuflog, da liefen die Figuren, die uns befehligt hatten, in den nahen Wald und wir Jungen schlossen die Panzersperren auch nicht.

Dass ich jenes vor unserem Hause aufgebaute Gestell aus Holz und Stacheldraht nicht verteidigte, das hat sicherlich etwas mit diesem entscheidenden Erlebnis zu tun: Unser Ortsgruppenleiter der Partei war der Lehrer Conzmann, der den alten Bürgermeister ab- und sich selbst auch in dieses Amt eingesetzt hatte. In jenen Wochen der heranwogenden Kämpfe beschloss ich, nach dem Schulabgang beim Gärtner Schönemann in die Lehre zu gehen. Mein Grossvater wurde wegen meiner Quittungskarte für Invalidität zu Conzmann aufs Rathaus bestellt. Der knorrige Alte kam, ich sehe ihn noch vor mir, schleppenden Schrittes ins Haus zurück. Wie ein Lamm kam er mir vor und zum erstenmal im Leben hörte ich von ihm eine 'Bitte'. «Helmut, bitte, setz dich zu uns an den Tisch.» In den Gesichtern der beiden Alten zuckte es, und dann wurde mir meine braune Quittungskarte über den Tisch zugeschoben: «Lies es bitte.» Und ich las, was mit grossen Schreibmaschinenbuchstaben oben hinzugefügt worden war: «Jüdischer Mischling ersten Grades.» Mit diesem Papier musste ich meine Lehre antreten, es dort vorzeigen, diese Karte musste ich nach langem Schlangestehen in Geschäften vorweisen. Nun hatte ich es schwarz auf braun. In der Ferne grollten die Kanonen.

Ich blieb also im Keller, in dem auch französische Kriegsgefangene untergeschlüpft waren, als die Amerikaner einrückten. Der Grossvater, der den Keller auch bei Luftangriffen nicht aufgesucht hatte, war oben geblieben. Den Eintretenden bot er einen frisch gebackenen kleinen schwäbischen Salzkuchen, in den er als erster biss. Als ich in unserer Stube zu der Gruppe trat, da klopfte der, den ich Vater nannte, auf meine Schulter: «Helmut, der Schwindel ist nun vorbei, die ersten Worte auf der braunen Scheisskarte kannst Du streichen.»

OBSTBAU, SCHWEIZ, SCHWABENSTREICHE

Die vielbeachteten Schwabenstreiche wurden meines Wissens von Beamten begangen, zumindest unter ihrer wesentlichen Anleitung. So hat das, was hier beschrieben wird, reiche Tradition. Vor einhundert Jahren starb am 20. März 1878 der schwäbische Entdecker des Energieprinzips, Dr. Julius Robert Mayer, von den Oberbeamten verlacht, verspottet, eingesperrt, von der Wissenschaft verehrt. «Der Fall hat unserer Wissenschaft sehr geschadet,» erinnerte sich Nobelpreisträger Max Planck als Achtzigjähriger. Schon damals ging die Amtsgewalt den Neuerern mit der Psychiatrie zu Leibe. Mayer hat die Psychiater Albert von Zeller in Winnenthal und Heinrich Landerer in Göppingen im Gedächtnis behalten. «Nach dreimonatigem Martern,» schrieb er, «wurde ich in der Nacht fest in die Zwangsjacke geschnürt, nach Winnenthal geschleift, wo ich, morgens früh angekommen, auf Befehl des Herrn Hofrat an diesem Sonntage sogleich wieder in einen bereitstehenden Zwangsstuhl geschnallt wurde. 13 Monate wurde ich nun in dieser Anstalt mit allen erdenklichen somatischen und psychischen Misshandlungen bedacht.»

Beim ausserordentlich tüchtigen Schönemann, der aus

kleinsten Anfängen eine Baumschule von 180 Morgen geschaffen hatte, begann ich kurz vor Kriegsende das Handwerk eines Gärtners zu erlernen. Der brave Fachmann hatte, obwohl Parteigenosse, über den «jüdischen Mischling ersten Grades» auf der braunen Karte hinweggesehen, freundlich genickt und am dritten Tage mir Mut gemacht: «Aus dir wird was.»

Leider wurde Schönemann kurz nach Kriegsende erschossen, an seinem gewaltsamen Tode ist er nicht unschuldig. In diesen Tagen allgemeiner Aufregung schlug der Gärtner plötzlich auf einen schmächtigen russischen Kriegsgefangenen, der eine Nickelbrille trug, mit einem Baumpfahl ein, als der Sehbehinderte beim Kohlrabipikieren die besten Pflanzen mit herauszog. Kurze Zeit darauf, bei einem Saufgelage mit den inzwischen angerückten amerikanischen Soldaten, ergriff der Russe eine der herumliegenden Pistolen, baute sich mit ihr vor Schönemann auf und feuerte das volle Magazin in seinen Körper.

Statt der Russen, die gingen, kamen frühere deutsche Soldaten, die nichts vom Hunger in der Kriegsgefangenschaft hielten. Halb versteckt arbeiteten sie bei uns und die Verpflegung, die der eingeheiratete junge Schwiegersohn Keller, der nie Soldat geworden war, ihnen zukommen liess, war so kümmerlich, dass ich aus meinem Herzen keine Mördergrube machte. Meine ungestümen Worte drangen durch den Aufzugschaft nach oben, wo getafelt wurde. Am gleichen Tage zog der neue Herr des Hauses in einem unbewachten Augenblick mich fünfzehnjährigen Lehrling in sein Büro, schloss es ab, und dann schlug er mich, ohne ein Wort, windelweich. So wechselte ich zum Gärtner Ernst Hess, der so wenig wie ich den grosskotzigen Schwiegersohn von gegenüber leiden konnte. Dass der neue Ausbilder gelegentlich einen Württemberger Velbacher über den Durst trank, hat mich nie gestört. Ich lernte viel und gut bei ihm, traf auch mit allen meinen anderen Fragen auf viel Verständnis und genoss die mir grosszügig gewährte Freiheit.

So führte mich an den Abenden die Strassenbahn ins benachbarte Stuttgart, ich besuchte die verschiedensten Parteiversammlungen, hörte den Landesbischof Wurm und war besonders beeindruckt vom Pastor Niemöller, der gerade aus dem Konzentrationslager gekommen war. Wie ein Keulenschlag traf mich das Wort eines Schweizer Journalisten, das damals um den Erdball ging: «Den deutschen Teig, den kann man kneten, es kommt nur auf den Herrn im Backhaus an.» Ich glaube, das war der Augenblick, in dem ich mir vornahm: 'Mich knetet man nicht. Ich will ein freier Mensch sein.'

Die Angebote, mir meiner teiljüdischen Abstammung wegen Sonderrechte zu gewähren, habe ich zurückgewiesen. Ich wollte frei sein, endlich ich selbst, ein Deutscher wie alle anderen auch in dieser Hungerzeit sein. Mein Hörsaal war das Leben und ich hörte viel. Sollte ich von neuem Unrecht erfahren, und da murmelten bereits die Bäche, dann wollte ich, das war mein fester Entschluss, meinen Mann stehen. Weniger werden die Menschen, das erkannte ich in Stuttgart bei dem Wort von der 'Knetmasse', durch Taten schuldig, vielmehr ist es das Untätigbleiben, das sie in Schuld verstrickt. So hat mein damaliger Entschluss, mich durch keine alten oder neuen Machthaber weich machen zu lassen, meinen Weg bestimmt.

Später habe ich, um ein Beispiel zu nennen, als einer der ersten, wenn nicht als erster, der Neckar-Alb-Autobahn meinen Widerstand entgegen gesetzt. Heute sind wir Zehntausende, die gegen die Milliarden-Verschleuderung («unzumutbar und unnötig, weil kein Bedarf», sagt das letzte Gutachten) wildgewordener Behördenchefs Sturm laufen. «Helmut Palmer hat recht,» schrieb der Oberbürgermeister Rommel, «wenn er gegen diese Neckar-Alb-Autobahn kämpft.» Und Professor Weller ging weiter: «Es ist Helmut Palmer zu verdanken, dass er die Planer und Parteien gezwungen hat, die Trasse der Neckar-Alb-Autobahn neu zu überdenken.» Strassenbau habe ich nicht gelernt, doch jeder nichtbeamtete Strassenbauer, Verkehrsteilnehmer wie ich, stimmt in den einzelnen Punkten, die gegen den Schandplan sprechen, mit mir überein. Nicht, und darum geht es an dieser Stelle, vom unsagbar verschleuderungswütigen Unterdrückungsapparat kneten lassen.

Meinem Beruf habe ich bei allem religiösen und politischen Interesse mit Leib und Seele angehangen, das fügte sich für mich ineinander. Die Prüfung im Fach Baumschule bestand ich mit einem «Sehr gut». Obwohl ich das Fach Obstbau nicht erlernt hatte, vieles hatte ich da jedoch ganz nebenbei von Kollegen erfahren, gab ich es als weiteres Prüfungsfach an. Die Note genügte mir, sie hiess «Befriedigend». So drängte es mich nach dem Abschluss im Jahre 1948 als Achtzehnjährigen nach draussen, ich nahm sozusagen den Wanderstab des

Handwerksburschen in die Hand und strebte nach Süden.

Der Pfarrer im Schweizer Mettmenstetten war ein Gottesmann von altem Schrot und Korn, der während des Krieges keine Predigt gehalten hatte, in der es nicht gegen die Hakenkreuz-Deutschen gegangen war. Als einer der ersten beschwor er, als Frieden geworden war, seine oft verständnislosen Eidgenossen, nach christlichem Gewissen jetzt den Geschlagenen im nördlichen Nachbarland beizustehen. So kamen von dort an eine nahe Verwandte ein gutes Stück Seife und ein Waschlappen, etwas besonderes in dieser Notzeit, und damit gelangte ich an die Anschrift dieses Gottesstreiters. Der Pfarrer hiess, wenn ich mich recht erinnere, Heimann. Durch ihn erfuhr ich, dass es in seiner Gemeinde Arbeit und Fortbildung für Obstgärtner gäbe. Alles hing an einem Papier, an einer Ausreisegenehmigung.

Mit einem Gang ins US-amerikanische Konsulat in Stuttgart wäre mir diese Genehmigung mit dem einfachen Satz: «Ich bin Halbjude», so wie die Dinge angesehen wurden, sofort erteilt worden. Auf den Schritt verzichtete ich wie zuvor auf besondere Brotkarten. Mit meinem Personalausweis, dem Brief vom Pfarrer und einigen wenigen neuer Deutschmark machte ich mich auf nach Konstanz und tastete die Grenze ab, die erste meines Lebens. In der Nähe einer Maschinenfabrik nahm mich ein Arbeiter in sein Haus, wir warteten die Nacht ab, dann führte er mich durch die Dunkelheit und flüsterte plötzlich: «Jetzt spring!» Unten auf der Schweizer Wiese wartete ich in einem Holzschuppen den prächtigen Sonnenaufgang dieses schönen Augusttages ab. Dann zog ich schnurstracks ins nächste Dorf, stellte mich dem Landgendarmen und der sagte «Grüezi», was ich nicht sogleich verstand.

Von Mettmenstetten sprach ich, vom Pfarrer und von meinem Wunsch, die Schweizer Obstgärtnerei kennen zu lernen. Dann wurde herumtelefoniert, offenbar mit Vorgesetzten, auch mit Leuten im Zürcherland, alles ging ausserordentlich zivil vor sich, mich überkam eine grosse Ruhe. Der Uniformierte legte den Hörer nieder, schloss eine Schublade auf und gab mir Schweizer Geld, ohne Quittung, das mir später von einem Wochenlohn abgezogen wurde. Weit lag das, was sich deutsches Berufsbeamtentum nennt, hinter mir. Der Schweizer Ordnungshüter begleitete mich zum Bahnhof, fragte nach Stuttgart, ob dort immer noch die Trümmer von Bombenangriffen lägen und wieviele Eier wir pro Woche bekämen. Wieviele? Leider war es nur ein halbes.

Der Zug war elektrisch, bei uns liefen qualmende Dampfzüge, die Häuser waren unbeschädigt und hell gestrichen, das abendliche Zürich, in dem ich umsteigen musste, war neonbeleuchtet, ich glaubte, im siebenten Himmel zu sein. Auf einer Nebenstrecke ging es weiter und auf dem dörflichen Bahnhof der Gemeinde Mettmenstetten holte mich der Bauer Alfred Suter ab, von dem ich im Laufe der Zeit ausser dem Obstbau auch Schweizer Flüche lernte. Das 'keibe Schwob' traf mich anfangs hart, dann sagte ich mir jedoch, dass auch bei uns ein pommerscher Landmann seinen polnischen Sommerarbeiter gelegentlich 'verfluchter Pollak' geschimpft haben mag, wenn dem Gaul ein Hufeisen abfiel.

Ein dummes Luder war die Hofgehilfin. Gleich am zweiten Tage versuchte sie in der Mittagspause, mir handgreiflich klar zu machen, dass so ein Heuhaufen nicht nur zur Viehfütterung gut sei. Ich muss sie heftig zurückgestossen haben, von Stund an war ich für sie der 'Hitlerjung'. Ungefähr weiss ich also heute, wie manchem Fremdarbeiter gelegentlich bei uns zumute sein mag. Damals empfand ich mich immer noch als hässlichen Findling, den der Lehrer Fetzer bei Wanderungen verglichen hatte mit einer Mistel am Apfelbaum, mit einem Parasiten also. Erst viele Jahre später habe ich zum erstenmal ein Mädchen im Arm gehabt, das mir zugeflüstert hatte: «Du schaust aber gut aus.»

Regelmässig ging ich zu diesem Pfarrer in die Kirche. Abends hörte ich andächtig dem Geläute der schweren Glocken zu, in meinem Heimatdorfe bimmelte es, nachdem aus Kirchenglocken Kanonen geworden waren, nur aus Eisen. Die Zeitung aus Zürich kam dreimal täglich und mein Bauer las, ich kam aus dem Staunen nicht heraus, das Blatt dreimal täglich, die Morgen-, Mittags- und Abend-Ausgabe. Sehr eingehend beschäftigte er sich mit seiner Fachzeitung für den Obstanbau und im Hause gab es ein Telefon, das bei uns in jener Zeit nur der Landarzt hatte.

Den Deutschschweizern habe ich mich verwandt gefühlt, Sprachschwierigkeiten gab es bald nicht mehr, die sagen 'Spätzli' und wir sagen 'Spätzle', die Umstellung vom 'e' aufs 'i' fiel mir leicht. Die freie Art der Bürger, ihre Ungezwungenheit im Umgang mit Behördenvertretern, die Gleichheit vor dem Gesetz, all das hat mir in der Schweiz grossen Eindruck gemacht. Und ich glaube noch heute, dass das Fehlen eigener eidgenössischer Terroristen hauptsächlich mit dieser bürgerlichen Freiheit zu tun hat, damit, dass es in der Schweiz Obrigkeit in unserem Sinne nicht gibt: Der Beamte ist abwählbar. Schon über Fahrradwege redet und bestimmt der Bürger dort völlig selbstverständlich mit, bei uns muss er beim Bau von Autobahnen sein Recht auf freie Meinungsäusserung erkämpfen, muss er, sobald er freie Rede führt, mit Behördenschikanen, Finanzamtsfahndern und ähnlichem Ungemach rechnen.

Der Obstbau war damals in der Schweiz dem unseren um viele Jahre voraus. Unsere Männer hatten während des letzten Jahrzehnts marschieren und in Lagern hocken müssen. Der Krieg ist also nicht der Vater aller Dinge, der Vater des Obstanbaus auf jeden Fall nicht. Nach der Arbeit mit dem täglichen Blick aufs Berner Oberland fuhr mich das abendliche Zügli nach Zürich zu fachlichen Kurzkursen. Bald hatte ich erfasst, was bei uns anders gemacht werden musste und mein Entschluss, das neue Wissen in meiner immer noch darniederliegenden Heimat zu verbreiten, war gefasst.

Als Zwanzigjähriger kehrte ich heim und nahm sofort meine Vortragstätigkeit auf. Was ich bis dahin nicht wusste: Ich zog die Leute an. Die ältesten Obstbauern hörten geduldig zu, stellten sachverständig ihre Fragen. Wer von ihnen Zutrauen gefasst hatte, gab mir 'Objekte', das heisst, er überliess mir einen Teil seiner Obstbäume zum neuen Schnitt. Meine Schweizer Formel hiess: 'Wenig Äste, viel Licht, viel Qualität.' Sie passte nicht ohne weiteres zum geldbewussten Denken des Schwaben und zur bisherigen Formel: 'Viel Holz, viel Äpfel.' So zog ich von Dorf zu Dorf, von Weiler zu Weiler, redete und sägte Bäume aus. Vor einem Onkel, bei dem ich ungefragt den vielen Schatten aus einem Baum geschnitten hatte, musste ich fliehen. Seine Drohung, mich mit der Axt zu erschlagen, hatte er leider ernst gemeint.

Das Land war in Aufruhr, in der Presse gab es Schlagzeilen, es kam zum damals sogenannten «württembergischen Obstbaumkrieg.» Heimatblätter wünschten den parteilosen Helmut Palmer im Bundestag zu sehen.

Da trat der alte «Reichsnährstand» auf den Plan. Die wieder aufgetauchten amtlich bestallten Obstbauinspektoren hatten auch auf ihrem Fachgebiet nichts hinzugelernt. Sie bewogen die Landratsämter, in öffentlichen Verlautbarungen vor mir zu warnen. Als das nicht viel nützte – wer liest schon öffentliche Verlautbarungen? –, da setzten sie die schreckliche Waffe der Flüsterpropaganda, der amtlichen Verleumdung ein: «Wisst ihr Obstbauern denn überhaupt, ob der ewig unrastige Jude, ob der jüdischblütige Palmer nicht nur aus der Fremde zurückgekommen ist, um euch hier Schaden zu stiften?» Direktor Josef Seitzer, der Vorsitzende des Landesobstbauverbandes, und Oberregierungsrat Schüle waren juristisch vorgebildet und daher entsprechend vorsichtiger, von meiner Abstammung sprachen sie nicht direkt, sie hatten nur einen 'Eindruck'. Und zwar diesen, sie gaben ihn im Gasthof «Drei Könige» in Göppingen einer grossen Versammlung bekannt: «Wir haben nicht den Eindruck, dass Helmut Palmer gekommen ist, um im Obstbau zu helfen. Wir haben vielmehr den

Eindruck, dass er gekommen ist, um Bäume zu zerschneiden, dass er gekommen ist, um die hiesigen Obstbauern an ihrem Portemonnaie zu erleichtern.»

Heute hat sich die von mir aus der Schweiz mitgebrachte Methode durchgesetzt, der Erfolg stellte sich nach einigen Jahren ein, er war sichtbar. Der Igel jedoch war, wieder einmal, vor dem Hasen da – die landwirtschaftlichen Beamten, die hinhaltenden Hinderer, sprachen sich, als Erfolge sich nicht mehr verheimlichen liessen, die Verdienste für den neuen Schnitt gegenseitig zu, hefteten sich die Verdienstkreuze gegenseitig an. Aus der Schweiz hatten sie, als sie endlich etwas merkten, einen Berater mit Beratervertrag kommen lassen, der nichts anderes befürwortete als den durch Palmer bereits bekannten neuen Schnitt, den ich von Heilbronn bis zum Bodensee, zwischen Pforzheim und Aalen an Zigtausenden von Obstbäumen im Laufe mancher Jahre angebracht hatte. Stuttgarts Oberbürgermeister Rommel tröstete: «Herr Palmer, eigentlich müssten ja Sie ein Verdienstkreuz bekommen», aber Verdienstkreuze bekommen bei uns in erster Linie Beamte.

Meine Obstbauernvereinigung, die über 2000 Mitglieder zählte, wurde von den Beamten zerschlagen, langsam aber sicher. Und zwar mit einer ganz einfachen Parole, den Bauern brauchte nur gedroht zu werden: 'Wer sich weiterhin mit Palmer einlässt, der darf mit weiteren Staatszuschüssen nicht unbedingt rechnen.' Man sieht, wozu die amtlich so beliebten Subventionen gut sind, sie sind Zuckerbrot und Peitsche zugleich.

In die fest gefügten Reihen der CDU-Obstbauern versuchte von der SPD ein gewisser Dr. Schmidt aus Gellersen im Norden der Republik, der während des Krieges 'landwirtschaftlicher Sachbearbeiter im Planungsamt für die angegliederten Ostgebiete' gewesen war, einen Einbruch bei unseren schwäbischen Obstbauern. Er versuchte ihn mit meiner Hilfe, mithilfe meines zu jener Zeit immer noch bestehenden Verbandes. Der Parteimann erzählte erstaunliche Geschichten von ähnlichen Verbänden, die sich ihm in Niedersachsen, in Westfalen und sonstnochwo unterstellt hätten. Das alles gab es nur auf dem Papier, doch mit diesen geduldigen Papierchen schaukelte er sich in seiner Partei zum Agrarexperten hoch, das war der Sinn der Sache, heute ist von seinen Attrappen nicht mehr viel die Rede.

Der neue Schnitt hatte sich also durchgesetzt und ich war ohne Beschäftigung – und arm. Da der Erfolg ja immer erst nach einigen Jahren sichtbar wurde, hatte ich während meiner Reisezeit mit Vorträgen und dem Ausschneiden der Bäume nur das nötigste zum Leben verdient. Wohin ich gekommen war, der Zweifel war schon angemeldet und die Bauern sagten zum Abschluss in aller Regel sich und mir: 'Wenns gut wird, ist die Reklame für Palmer dann der beste Lohn.'

Mit einem Bankkredit kaufte ich mir einen Acker und begann mit dem Aufbau einer eigenen Obstgärtnerei. Als nach drei Jahren die Beerenanlagen in Schwung kamen, wollte ich bauen. Doch der Bürgermeister Rath in Köngen und der Oberregierungsrat Koschella auf dem Baurechtsamt im damaligen Esslingen lehnten mein Baugesuch ab, mündlich entschieden sie kurz und bündig: «Wir wollen Sie hier nicht haben, Sie nicht.» Eine schriftliche Antwort gab es nie. So wandte ich mich an Dr. Graf, seines Zeichens Landwirtschaftsrat im Kreise, von dem jeder wusste, dass er im Dritten Reich ein sogenannter Einhundertundfünfzigprozentiger gewesen war. Meine Rechnung schien aufzugehen, mir gegenüber war der Mann von äusserster Zuvorkommenheit, er rückte mir den Besucherstuhl zurecht und fragte nach meinem persönlichen Befinden. Ich gewann Zutrauen und da kam er zur Sache, zum Baugesuch: «Aber, lieber Herr Palmer, Sie sind noch nicht verheiratet. Da wollen Sie bauen, an so einem abgelegenen Orte? Wenn Ihnen nun da etwas geschieht, da wo Sie alleine leben? Ich glaube kaum, dass so etwas genehmigt werden kann.» Heute bedauere ich, dass ich dem Überfreundlichen nicht in die Gosch geschlagen habe.

Bauen durfte ich also nicht, so begann ich mit dem verdienten Gelde, in der Nähe, in Denkendorf, eine weit grössere Baumschule anzupflanzen. Eines schönen Morgens fand ich alle unter Mühen und mit Freuden angepflanzten Bäumchen abgeholzt oder herausgerissen. Als Täter machte ich das Autobahnbauamt ausfindig, das einer zu errichtenden Raststätte wegen keinerlei Rechtsanweisungen abgewartet hatte und die Schuld an der Zerstörung einigen sprachunkundigen Italienern in die Schuhe schob, die ganz sicherlich vom gleichen Amt einen Auftrag erhalten hatten und die nun ich ausfindig machen sollte. Natürlich waren die Italiener längst vom gleichen Amt über alle Berge zu einer anderen Bau- oder Zerstörungsstelle geschickt worden. Herr Mack von diesem

Amte empfahl mir, nichts wieder aufzubauen, andernfalls würde er – dabei zeigte er mit der Spitze seines Brieföffners auf mich – zwangsenteignen lassen. So lag mein Land brach, durch lange Zeit. Als es schliesslich ans Zahlen ging, da fand der gleiche Herr Mack heraus, der Acker sei verwildert und mit diesem Argument bot er mir lächerliche 6000 Mark. Die langen Kämpfe und vielen Irrwege im Behördendschungel endeten schliesslich mit einer Verdoppelung des Angebots, Herr Mack grinste unverschämt, als der Bürger Palmer sich bescheiden musste, weil er einfach den Atem zum Weiterkämpfen nicht mehr hatte.

In die Auseinandersetzungen hatte unser Geradstettener Bürgermeister Gayer, vom musterbraunen Mitläufer zum tiefschwarzen CDU-Kreisverbandsvorsitzenden auf- oder abgestiegen (das ist hier Ansichtssache), öffentlich im Gasthaus «Zum Hirsch» mit besonders harten Bandagen hineingeschlagen. Die Stimmung war an jenem Abend fortgeschritten und Gayer verkündete seinen wackeren Mannen, was einige von ihnen als Aufruf zur Tat verstanden: «Wenn der Palmer jetzt hier wäre, ich würde ihm diese Flasche auf dem Schädel zertrümmern.» In den nächsten Tagen traute ich mich, wie zwei Jahrzehnte zuvor, an gewissen Häusern Geradstettens nicht mehr vorbei. Ich beschloss, dass Berlin eine Reise wert sei und beim Abschied blickte mich der Grossvater aus seinem Sessel traurig über die Ränder seiner Brille an. «Der Schwindel,» hub er an. Doch ich kam ihm zuvor: «... ist nicht vorbei. Der Schwindel ist grösser geworden.»

BÜTTEL, RICHTER, GITTERSTÄBE

In Spandau stand ich vor Gittern, die für den einsamsten Gefangenen der Welt, den heute Mittachtziger Rudolf Hess, seit seinem Friedensflug von 1941 die Welt bedeuten. Nachdem mir zuhaus ein Rechtsanwalt fünfhundert Mark abgenommen hatte, um den Bürgermeister Gayer wegen seines nächtlichen Pogrom-Aufrufes vor den Kadi zu bringen, nachdem dieser Anwalt dann sehr bald zurückgeschreckt war und der nächste ehrlicherweise gleich eingestanden hatte, gegen 'die Herrschaften' nicht tätig werden zu wollen, verspürte ich plötzlich das Bedürfnis, in meinen Heimatort eine Berliner Ansichtspostkarte zu schreiben: «Sehr geehrter Herr Bürgermeister, in Spandau sind noch Zimmer frei. Helmut Palmer.»

So kam ich in Berührung mit dem, was Unwissende Rechtspflege nennen. Da sitzen also Richter und Staatsanwalt hoch oben und donnern gegen den unten sich die Beine in den Bauch stehenden Justizuntertanen ('weil es der Wahrheitsfindung dient') um die Wette: «Schweigen Sie!» «Sie sind nicht gefragt!» Die Gewaltrede des Bürgermeisters Gayer, die durch meine Postkarte eine vergleichsweise harmlose Antwort erfahren hatte, gehörte fürs Gericht «nicht zur Sache». Da ich den Unabsetzbaren keine Hundedemut entgegengebracht hatte, bedachten sie mich mit der Höchststrafe für Postkarten, mit vier Wochen Gefängnis.

'Wer einmal aus dem Blechnapf frisst ...' – ich schrieb eine weitere Karte, gerichtet an den Stuttgarter CDU-Landwirtschaftsminister Dr. Leibfried, der bei meiner Existenzvernichtung, bei all meinen Eingaben durch absolute Untätigkeit wirksam geworden war. Sein Schweigen ermunterte alle nachgeordneten und amtlich verbundenen Dienststellen zu meiner verstärkten Amtsverfolgung. Seinem Titel 'Minister für Landwirtschaft' waren, wie ich aus der Presse entnahm, weitere angehängt worden: 'für Ernährung', 'für Forsten', 'für Weinbau', für Äpfel und Pflaumen nicht. So ernannte ich den vielseitig Untätigen in meiner Glückwunschkarte zum 'Minister für Landwirtschaft, Ernährung, Forsten, Weinbau, Blut und Boden. Führen Sie Ihren Titel bitte vollständig'. Und daran muss wiederum etwas falsch gewesen sein, auf jeden Fall handelte ich mir erneut die Höchststrafe für Postkarten ein, auch diesesmal vier Wochen Gefängnis.

Gelegentlich blättere ich im alten 'Simplicissimus'. Da steht so ein kaiserlicher angehender Richter (1901) in vollem Wichs mit der breiten Schärpe seiner schlagenden Verbindung vor der Brust: «... sind wir da Mann für Mann! Darauf geben wir unserm geliebten Vaterland unser Bierwort!» Das waren noch Zeiten, etwas freiheitlichere Zeiten, wie die Alten sich erinnern. Und noch 1933 war in diesem Blatt ein weissbärtiger alter Kommunist möglich, der mit dem Kaninchen auf dem Schoss über den Zaun seines Schrebergartens zum Nachbarn ruft: «Sixt, Xaverl, über fünfzig Johr hob i für die Internationale gekämpft, und heint is mei oanzige Freid ein Hoamgarthl.»

Lassen Sie mich fragen. Was war mit dem 'Mann für Mann', was war mit deren 'Bierwort', als der Ruf zu den Waffen ertönte? Mann für Mann sind die Herren Staatsjuristen doch wohl dem erlernten Berufe treu geblieben, aus den schwarzen Talaren der Zivil- und Strafjustiz in die Uniformen der gewaltigen Maschine Kriegsjustiz gewechselt, beide Male. Wenn man dem Richter Dr. Filbinger glauben darf, dann war, als alles in Scherben lag, die siegreiche britische Militärstreitmacht schuld, auf deren Befehl der Marinestabsrichter in Norwegen den Marine-Obergefreiten Kurt Petzold auf Monate ins Loch steckte. Weil dieser Soldat sich den Hakenkreuz-Hoheitsadler nach dem verlorenen Kriege von der Uniformjacke gerissen hatte. «Er hat die Manneszucht zersetzt.» 'Law and order', da ist unser Mann mit dem weissen Kragen, den die neuen Herren aus altem Teige kneteten. «Eine Beleidigung der Wähler,» so die «Stuttgarter Zeitung» vom 20. Mai 1978.

Nach allem, was inzwischen hochgekommen ist und von Springers Presse, aus dem gleichen bräunlichen Teig geformt, seit Wochen mit Leserbriefen aus der rechtesten Ecke wieder zugeschüttet wird, müsste jeder KZ-Scherge, der auf Befehl handelte, augenblicklich aus dem Zuchthaus entlassen werden – solange der Dr. Filbinger in Freiheit herumläuft. Doch halt, da ist der kleine Unterschied: Der Schar- oder Oberscharführer hat nie die Rechte studiert, er war kein Richter, war kein Staatsanwalt. Dieser Satz blieb dem Rolf Hochhuth erlaubt:

«Kein Richter hat je in der BRD auch nur eine Stunde in Strafhaft sitzen müssen, weil er für Hitler Deutsche umgebracht hat.» 24559 waren es. Die 'rechtskräftig zum Tode Verurteilten' der Fremdvölker sind noch nicht gezählt. Und auch diese Erkenntnis blieb Herrn Hochhuth trotz aller Gegenbemühungen gestattet, als er die öffentlichen Laufbahnburschen unter seine Lupe nahm: «Das Märchen, die BRD sei ein Rechtsstaat.» Dreimal «Bravo» rief ich in meinem Zimmer, als ich das las.

Durch die ständige Wiederholung, dies sei der «beste Rechtsstaat auf deutschem Boden», wird es nicht wahrer. Abgesehen davon, dass auch unser Bruderland Österreich deutscher Boden ist, bleibt unser verfassungsmässiges BRD-Recht auf Widerstand gegen krasses Unrecht ausserhalb des Zaunes. Die Verlogenheit eines '17. Juni' kann ich nicht mitfeiern, solange ich das Recht auf Widerstand habe nur gegen das, was ausserhalb unserer Grenzen geschieht (in einem anderen Teilstaat lebe ich nicht), nur gegen das, was vor 1945 geschah (im Dritten Reich lebe ich nicht). Ich kann nicht mitfeiern, solange bei uns politisch bewusst lebende Menschen, die nicht einmal zum bewaffneten Kampfe aufrufen, lediglich wegen freier Meinungsbekundung in Gefängnisse und Irrenanstalten gesteckt werden. Inzwischen kenne ich, der kleine Obstgärtner, Obsthändler, die meisten Zwingburgen zwischen der Schwäbischen Alb und dem Schwarzwald, in denen politische Gefangene verwahrt und geschlagen werden, von innen. Inzwischen bin ich also, dies ist mein Zweitberuf, gelernter Knastbruder geworden.

Noch sind Terrorismus und Gegenterrorismus unserer baden-württembergischen Spielart in Frankreich nicht eingeführt. Das kann sich ändern, Zeichen dafür gibt es. Zu Zeiten der letzten französischen Wahlen reiste ich im französischen Süden und dies fand ich Ende März 1978 in einer dortigen Zeitung, die nicht Parteizeitung ist, als Anzeige des unterlegenen Kandidaten: «Euch allen, die ihr morgen Opfer der Unrechtsjustiz dieses Regimes sein werdet, euch allen steht meine Tür weit offen.» Man stelle sich einen derartigen Anzeigen-Auftrag bei der Springer-Presse vor, das Landesamt für Verfassungsschutz hätte man (mit einer Wanze) bald im Hause, ein Blatt mit der georderten Anzeige jedoch nicht.

Die Postkartenschreiberei hatte weitere Folgen. Wer einmal einen Beamten angreift und wer dabei unterliegt – und das ist die Regel –, auf den stürzt sich die Meute, da wird geläutet, wird schliesslich generalstaatsanwaltlich mobil gemacht. Die Ausnahmeregel bringe ich hier gleich mit: Wer einmal einen Beamten angriff und wer bei diesem waghalsigen Unternehmen im ersten Anlauf sein Recht bekam, der hat fürderhin freie Bahn, die Meute zieht ihre Ruten ein.

Auf mich stürzte sich nach den gerichtsbekannt gewordenen beiden Postkarten zunächst der Oberlandwirtschaftsrat Hoffmann aus Waiblingen, dem Bürgermeister Gayer und dem Landwirtschaftsminister Leibfried freundschaftlich verbunden. Im Südwestfunk schlug der Mann sich an seine Oberbeamtenbrust: «Die jetzt tragenden Obstanlagen, die hat der Herr Palmer ja gar nicht selber gepflanzt. Wenn er das behauptet, dann schneidet er auf.» Und ich schlug ihm, das gab und gebe ich zu, für die unerhörte Verdrehung ins Gesicht. Schlimmer konnte nicht mehr verdummt werden. Das «Kind» habe ich nicht gezeugt, derartiges hatte ich auch nie behauptet, ich habe es erzogen, das heisst, ich habe aus vorhandenen Anpflanzungen durch den neuen Schnitt Musteranlagen gemacht. Das war alles.

Vor Gericht versuchte der Oberlandwirtschaftsrat in beamtenhafter Feigheit den Rückzieher, die verdrehte Aussage sei ihm von einem Reporter in den Mund gelegt worden. Über den Schlag, den er ins Gesicht erhalten hatte, berichtete der Mann auf diese nicht misszuverstehende Weise: «Palmer kam auf mich zu nicht wie ein Mitteleuropäer, mit blitzenden Augen kam er, nicht wie ein Mitteleuropäer, hohes Gericht.» Das Gericht lachte nicht.

Das unsinnige Hoffmanszeug wurde nachgebetet von jenem Teil der Presse, der sich als Transmissionsriemen unserer Verwaltungsmaschine versteht und gelegentlich heiss läuft. Da blieb ich, nach meiner bisherigen Erfahrung, dass von Anwälten dann, wenn es behördenheikel wird, nichts zu erwarten ist, auf der Redaktion in Göppingen sitzen mit dem festen Versprechen, erst nach einer in die Druckmaschine gegebenen Gegendarstellung zu weichen.

So entstand («Hausfriedensbruch») ein Rattenschwanz von weiteren Prozessen und der Amtsgerichtsrat Dr. Schulz eröffnete die nächste Sitzung mit der lächelnd gestellten Frage: «Herr Palmer, Sie waren doch Mitglied des Jungvolks, haben damit also einer Gliederung der Hitler-Jugend angehört?» Ja, in drei Teufels Namen, ich habe als Zehnjähriger versucht, mit einem braunen Hemd weniger Schläge zu bekommen, vom adligen von Teufel und von Jungen, die es dem Lehrer Fetzer besonders recht machen wollten. Ich empörte mich in diesem Saal des Rechts: «Und Sie, Herr Vorsitzender, waren Sie, der um zwei Jahrzehnte Ältere, zu jener Zeit in Berlin nicht in der NSDAP und in der SA gleichzeitig?» In dem Punkte wusste ich Bescheid. Das Gericht verzog sich in die hinteren Räume, nach kurzer Beratung marschierte Richter Schulz mit den Schöffen und dem Tagesurteil zurück: «Sofortige Verhaftung im Gerichtssaal wegen Ungebühr vor Gericht.» Am Gerichtsdiener vorbei sprang ich die Treppen des Amtsgerichts hinunter, lief und lief und verkroch mich während der nächsten Tage bei Schweizer Freunden, bei Rückkehr lief der Fahndungsbefehl bundesweit. Nehmt alles nur in allem, die beiden Postkarten haben mich nicht zweimal vier Wochen, sondern über ein Jahr meines Lebens in steinalten Bauten, in dunklen Zellen auf stinkenden Strohmatratzen gekostet.

Anwaltlichen Bemühungen gelang es, zunächst den Haftbefehl aufheben zu lassen. Die 'Jungvolk-Frage' lag dem Richter Schulz wohl doch zu schwer im Magen, als Befangener schied er beleidigt aus dem Unternehmen. Auf den Plan trat ein anderer Amtsgerichtsrat, der die «elegante Lösung» suchte, einige meiner Freunde zu sich rief und ein 'gentlemen's agreement' (bekanntlich ein Verschleierungswort für die grössten Schweinereien) vorschlug: «Ich bitte Sie, meine Herren, machen Sie doch dem Herrn Palmer klar, dass er aufgrund seiner schweren Jugend sich oft nicht mehr beherrschen könne, sich gelegentlich, sagen wir mal, nicht ganz richtig im Kopf fühle. Von mir bekommt er bei Bereitschaft den fairsten nur denkbaren Prozess.» («Und einen vom Gericht bestellten Psychiater,» das sagte er dabei nicht.) Doch er sagte: «Andernfalls wirds hart.»

Dieses Spiel ging nicht auf und so sass ich dem Rechtshändler einige Tage darauf in seinem Dienstzimmer selbst gegenüber. Er fertigte ein Protokoll, in dem das Gegenteil von dem stand, was ich hineingegeben hatte. Erst bei der vierten Aufforderung, zu unterschreiben, zerriss ich das Papier und sprach bei Rückgabe der Fetzen wohl auch in der Sprache des Volkes vom Hinterteil des hohen Herrn. Offenbar durch einen Knopfdruck herbeigerufen, drang ein Uniformierter in den Raum und führte mich mit gezogener Pistole schnurstracks ins Gefängnis. «Für fünf Tage,» rief der rot angelaufene Amtsgerichtsrat Dr. Berroth hinterher. Am dritten Tage besuchte mich der Mann, schien in der Zelle der freundlichste Mann der Welt.

Und plötzlich kam sein Schuss vor den Bug: «Herr Palmer, dass Ihr Vater Jude gewesen sein soll, das ist doch durch nichts bewiesen, wird doch wohl nur ein Märchen sein. Machen Sie sich frei von alledem und werden Sie ein nützliches Glied unserer Gesellschaft.» Mit diesem neuen Tauschangebot, meinen leiblichen Vater zu verleugnen, wurde ich frei gelassen, die fünf Tage waren nach drei Tagen vorbei. Weinend fiel ich im Hause meiner leiblichen Mutter um den Hals: «Wer war denn nun mein Vater?» Wenn ich ein Bundeskreuz für Gemeinheit zu vergeben hätte, ich wüsste einen

Amtsgerichtsrat.

Am Abend vor einem der zahlreich angesetzten Gerichtstermine überfielen mich plötzlich rasende Schmerzen im Gesicht, die ich auf einen kürzlich plombierten Zahn zurückführte. Jedoch, der nach Praxisschluss aufgesuchte Zahnarzt Dr. Eislinger begleitete mich, nach einem kurzen Blick in den Hals, zum benachbarten Halsarzt Dr. Wunsch und der fuhr mit mir, wiederum nach einem kurzen Blick in den Hals, in ziemlich schneller Fahrt zum Krankenhaus in Göppingen, zur dringenden operativen Entfernung einer grossen Geschwulst. Es ist erwiesen, dass am nächsten Morgen das Gericht von meiner Verhinderung, zum Termin zu erscheinen, Kenntnis erhalten hat, und erwiesen ist auch, dass die Geschäftsstelle dieses Gerichts mit dem Krankenhaus an diesem Morgen telefonierte. Der Richter stellte sich taub, an die versammelte Presse ging die Mitteilung «Palmer erschien nicht» und die brachte die Neuigkeit, gross aufgemacht und mit allen hämischen Verzierungen publikumswirksam gemacht. Und der Richter erliess Haftbefehl.

Nach meiner Entlassung aus dem Krankenhaus, die Fäden waren noch nicht gezogen, fuhr ich zur Esslinger Zeitung mit Krankenpapieren und meinem Berichtigungs-Ersuchen. Otto W. Bechtle, ausgezeichnet mit dem Bundesverdienstkreuz, schenkte Cognac in grosse Schwenkgläser, dann verliess er den Raum, um nach der fraglichen Ausgabe mit der Falschmeldung zu suchen, und dann kam plötzlich die Polizei mit drei Streifenwagen vorgefahren. Minuten später fand ich mich im gegenüberliegenden Gefängnis wieder. Von dort gings weiter und weiter, durch über ein Jahr.

Als ich herauskam, fand ich auf meinen Feldern die Drähte aufgeschnitten, das Wild war hereingekommen, tausende von Jungpflanzen sahen mich verdorrt und vorwurfsvoll an. So wurde aus dem Obstgärtner der Obsthändler Helmut Palmer. Der neue Anfang war sehr hart: Auf welchen Markt auch immer ich kam, die Herren Beamten von der Gewichtskontrolle standen schon im Anschlag. Während gemeinhin einmal im Jahr die Gewichte und die Waage geprüft werden, bei mir nahmen sie zwei-, dreimal täglich die Gewichte in die Hand, die kleinen Messingstücke betrachteten sie auffällig und für jeden Kunden sichtbar. Prüften sie oft eine halbe Stunde und mehr, bis sie endlich festgestellt hatten, dass auch meine Gewichte geeicht waren. Die Lebensmittelkontrolleure folgten auf dem Fusse und wenn ich, wie in Esslingen, wo um 11 Uhr Marktschluss ist, noch die um diese Zeit am Stand befindliche Kundschaft zu Ende bediente wie jeder andere, dann war die uniformierte Polizei schon zwei Minuten zuvor an meinem Stande. Meine Feststellung, dass doch auch auf der Post derjenige, der vor 18 Uhr das Amt betrat, seine Briefmarken kaufen könne, verfing so wenig wie der Hinweis, dass die letztanstehende Kundin seit genau 11 Uhr mit einem geschenkten Säckchen Äpfel die Zuspätkommenden gerade abweise.

Die feinen Redensarten der Amtsgewaltigen «Palmer, Sie haben einen Knall» und «Dich schlagen wir gleich dahinten in die Oleanderbüsche» wurden von den Zierden ihres Standes vor Gericht zugegeben (weil es Zeugen gab). Dennoch klagte kein Staatsanwalt die sogenannten Ordnungshüter je wegen

Beleidigung oder Bedrohung eines Bürgers an und selbstredend bewahrten die Bekenntnisse ihrer schönen Seelen mich auch nicht vor weiteren Gefängnisstrafen – wegen Polizistenbeleidigung. 'Tagediebe' hatte ich geantwortet, das ist wahr. «Ein höflich Recht will gar nichts heissen,» wie der Geheimrat Goethe es einmal niederschrieb. Bei all diesen Unterschieden zwischen Obrigkeit und Bürger fand nur einmal, es war im Jahre 1975, der Vorsitzende Richter Rügner am Landgericht Heilbronn etwas zu meiner Entlastung: «In seinem Beruf ist Herr Palmer ein tüchtiger Fachmann. Unter anderem hat er einen «Leitfaden für den Intensiv- und Liebhaberobstbau mit Beerenschnitt» herausgegeben». Bestraft werden müsse ich dennoch, «aus spezialpräventiven Gründen», was immer das sein mag.

Ein Jahr darauf machte der Vorsitzende Richter Dr. Sorg am Landgericht Stuttgart sich die Mühe, aus meiner späteren Vorstrafenlatte einiges aufzuzählen: 2 Monate vom Amtsgericht Schorndorf wegen Beleidigung, 20 Tage vom Amtsgericht Ulm wegen Nötigung, 8 Tage vom Amtsgericht Tübingen wegen übler Nachrede, 8 Tage vom Amtsgericht Backnang wegen Beleidigung, DM 650.- Geldstrafe vom Amtsgericht Esslingen wegen Sachbeschädigung. Ein ziviler Mitbürger ist nirgend als Opfer dabei. Richter Dr. Sorg sorgte sich in seinem Beleidigungs-Urteil mit neu verhängten DM 4.000.- («es ist wirksamer, sowohl an der Freiheit wie am Vermögen zu bestrafen»), dass «der Angeklagte einen tiefen Hass gegen die Polizei hat» und «dass er Widerstandshandlungen begeht, weil er den billigen Beifall der Menge anstrebt.»

Landgerichtsrat Dr. Sorg hätte seiner wirklichen Meinung freien Lauf lassen sollen: «Beifall der billigen Menge.» Erhebungen über die soziale Herkunft der Richter haben ergeben, dass diese fast ausschliesslich Beamte des gehobenen oder höheren Dienstes zu Vätern haben. «Für die Macht und gegen die Menschenwürde» – für wen auch immer, so thront die Kaste über dem Volke. Sie sieht unser Erdendasein mit anderen Augen an, Brillen sind von alten Akten und von Gesetzbüchern aus dem vorigen Jahrhundert verstaubt: «Grundbesitz musste der Angeklagte wegen Prozessen aus dem Jahre 1963 verschleudern. Er betrachtet diese Grundstücksveräusserungen nicht als Verkauf, sondern als «Diebstahl des Staates».»

Bei den hier gestreiften Fällen ging es ausser um Marktgeschrei insbesondere um an- oder abgesägte Bäume, die meine Mitbürger bei Verkehrsunfällen getötet hatten, ohne diese wären sie am Leben geblieben. «Im Kern richtig erkannte Gefahren,» führte das hohe Gericht aus, «dürfen nicht zur unerlaubten Selbsthilfe führen. Es fehlt dem Angeklagten die Einsicht (wie wahr!), dass Missstände *nur* von den zuständigen Behörden beseitigt werden dürfen.» (Die hauptbeschäftigt schlafen).

Meinen christlichen Glauben lege ich nicht am Sonntag mittag nach dem Kirchgang mit dem dunklen Anzug ab, ich soll und will meines Bruders Hüter sein. Doch ich lebe in einem Ländchen, in dem eine gelenkte Justiz mir nach meinen beiden Postkarten ins Gesicht geschrien hat: «Die Rache ist mein.» Der von dieser Richterschaft verehrte Chef der Idylle ist ein Marinestabsrichter ausser Diensten. Er strebte oder strebt einen höher dotierten Sessel in Bonn an, mein Gott Walter!

SCHLÄGER, SEELENVERKÄUFER, HOHENASPERG

An Händen und Füssen gefesselt zogen sie mich aus dem klapprigen Mercedes, in dessen Kofferraum ich ein oder zwei Stunden zuvor geworfen und aus Esslingens Gefängnishof irgendwohin gefahren worden war. Sie lösten die Fesseln, schlugen mich alte ausgetretene Steinstufen hinauf und oben empfing mich ein Wachtmeister Schlump, den ich bisher nie gesehen hatte: «Hier bei mir wirst du zahm.» Zur Bekräftigung seiner Ankündigung stiess der Bulle mit seiner Faust in meine seit Esslingen geprellten Rippen und befahl den anderen, mich nackt auszuziehn. Ich wehrte mich verzweifelt, doch nur mit restlichen verbliebenen Kräften, sie streiften eine gestreifte Gefängniskluft über meine zerschlagenen Glieder, deren offene Wunden erst drei Monate später verheilen sollten. Dann warfen sie mich in ein dunkles Gewölbe.

«Das ist gut genug für den Zigeuner,» lachten sie, als ich auf die stinkende Strohmatratze in der Ecke sank. '... für den Saujuden,' das haben sie nicht gesagt. Die finsteren Gestalten in der Zelle, die da Holzpritschen belegt hatten, das hörte ich erst im Laufe der nächsten Tage aus ihren halblaut geführten Gesprächen heraus, hatten ein jeder ein oder mehrere Morde auf dem Gewissen. Wie sie galt auch ich als gefährlicher Gewalttäter, so war ich angekündigt worden, nur darum war dieses dunkle Loch jetzt meine Bleibe. Die alte Leier: «Politische Überzeugungstäter zu den Höchstkriminellen.» Bald fror ich, wir vegetierten dort am kalten Jahresbeginn 1963, erbärmlich.

Dabei beglückwünschte ich mich, dass unter den Polizistenschlägen meine frische Operationswunde am Halse nicht aufgeplatzt war. Mein Leben hatte ich behalten und dafür dankte ich unserem Herrgott, von dem ich mich in Stunden der Anfechtung, meist in der Nacht, verlassen fühlte. Schliesslich nahm ich nach Tagen dumpfen Grübelns allen meinen langsam wiederkehrenden Mut zusammen, klopfte und schrie, verlangte als Untersuchungsgefangener, der ich sei, nach meinem Zivilzeug, nach Zeitungen, nach Post, nach einem Anwalt. Ein höhnendes Lachgebrüll, von Wärtern und Mitgefangenen gleichzeitig erhoben, scholl von den dicken Wänden zurück. «Du Idiot,» schrien die Wärter an der eisernen Tür, «du bist hier in der Psychiatrie.» Jetzt erst erfuhr ich, dass ich auf dem Hohenasperg in der psychiatrischen Abteilung gefangen gehalten wurde. Die Mörder hatten darüber geschwiegen wie ein Grab, das auf ihr Konto ging. Sie warteten in stoischer Ruhe auf mildernde Umstände und setzten stark auf Seelenärzte, die für Geld von Verteidigern oder aus der Gerichtskasse alles erklären können. Von dieser abartigen Ärzteart hatte ich bisher kein Exemplar zu Gesicht bekommen. Wenn da einer durch ein Gut- oder Schlechtachten meine Einweisung verfügt haben sollte, dann muss er es fernmündlich getan haben.

Über die Lebensumstände in den folgenden Monaten möchte ich so wenig berichten wie mein Freund Dr. Günter Weigand aus Münster im Buche «Rechts-Staat – links der Elbe» (ebenfalls bei Marva erschienen) es getan hat, der seine 98 Tage in der berüchtigten Psychiatrischen Klinik Eickelborn gleichfalls mit Schweigen bedeckt. Nur dies: Sie warfen mich zu Geisteskranken, die ihren Kot jubelnd an die Decke schmissen und das Wasser aus dem Klo tranken. «Das wird dir helfen,» grinsten die Wärter. Am Hohenasperg gab es nur das 'Du', nicht das freundschaftliche, sondern das obrigkeitsstaatliche 'Du'. Meine spätere Kollegin Gunda von einem Markt verurteilten Nürnberger Richter, sie hatten die Missetäterin, haushoch, weil die allseits Beliebte im Eifer des Verkaufs einen Polizeibeamten geduzt hatte (sie duzte auch ihre Kundschaft).

Ein durch richterliche Verfügung zu Geisteskranken gesperrter geistig gesunder Mensch wird selten über diese Scham seines Lebens sprechen. Ich kenne Menschen, die in der BRD politisch zum Schweigen gebracht wurden mit dem unerhört dreckigen Hammer der Psychiater. Dieser faule Zweig der Medizin liess sich seit langem schon, bei uns im Lande beispielsweise bereits vor einhundert Jahren im erwähnten Falle des Dr. Julius Robert Mayer, für die Machthaber als Peitsche benützten. Die Hinrichtung erfolgt gewöhnlich unblutig und langsam. Ohne meinen Rückhalt in der Öffentlichkeit wäre ich bei Geisteskranken geblieben, wäre ich tatsächlich verrückt geworden – eine Frage der Zeit. Ohne Hilfe durch den einflussreichen Pfarrer Josef Kayser wäre Dr. Weigand nie aus der Anstalt Eickelborn heraus gekommen, wäre er verrückt geworden. Wieviele Unschuldige, die sich irgendwann zu Recht empört haben, sind auf diese unrechtsstaatliche Weise verrückt gemacht worden, bleiben lebenslänglich eingesperrt? Wir wissen es nicht. Wozu Prozesse – Richter dieser Denkschule gibt es – wenn wir von der Staatsgewalt bezahlte Psychiater haben, ich nenne sie Seelenverkäufer.

Mit ihrer Unterstützung können Armeen, Behörden, Gerichte Gehirne waschen und vernichten. Durch unumschränkte Willkür der Schläger, mit denen sie auf Zusammenarbeit angewiesen sind, wird der Widerständler zerstört, mit jedem neu beginnenden Tage wird seine Lebenskraft mehr zermürbt. Auch nach der Entlassung bleibt sein Wille meist gebrochen, das Erleben war zu grauenvoll, die Scham ist zu gross. «Reformideen» oder «Hass auf die Polizei» gelten staatlich bestellten Psychiatern heute wie früher, hier wie dort, als Zeichen der Geisteskrankheit.

Ich lag auf meinem fauligen Strohsack und sann und sann: Wieviele der freiheitlichen Geister unseres Landes mögen längst vor mir in dieser «Sozialtherapeutischen Anstalt» (so steht es heute auf der Tafel) den Folter-Vollzug der herrschenden Klasse erduldet haben? Der Volksmund spricht vom «Tränenberg», vom «Höllenberg», vom «Schicksalsberg», vom «Hausberg der schwäbischen Intelligenz», vom «Demokratenbuckel». Er spottet: «Auf den Bergen wohnt die Freiheit, auf dem Asperg aber nicht.» In dem Buche über diesen

Ort der Amtswillkür «Ein deutsches Gefängnis» heisst es: «In diesem Lande muss man schon ein grosser Lump sein, wenn man dort nicht gesessen hat.» Im Laufe der Monate wurde ich ein wenig stolz darauf, auf dem tränenüberströmten Berge einzusitzen.

Unter den Tausenden der Freiheitskämpfer, die auf dem Hohenasperg litten, leuchtete mir in meiner Mördergrube als Licht der Freiheit Christian Schubart, der in seiner Jugend Theologie studiert, der als Historiker Vorlesungen gehalten und als Dichter und Musiker unser Land so sehr bereichert hat. Wegen seines «unklugen Benehmens» – so hiess es damals in der «Öffentlichkeitsarbeit» – sass dieser aufrechte Streiter hinter den Mauern, die jetzt mich von meiner Familie trennten. Von dem Dichter-Häftling der Jahre 1777 und 1778 schweiften meine Gedanken zurück in die noch fernere Vergangenheit zu einem anderen Hohenasperg-Häftling, dem «Beutelsbacher Burschen» Gaispeter, der 1514 dem betrügerischen Herzog Ulrich die von diesem gefälschten Gewichte ins Wasser geworfen und mit der guten Tat den Aufstand im gesamten Remstal ausgelöst hatte. Sind wir, so frage ich mich heute, seitdem «rechts-staatlicher» geworden? Die Karlsruher staatlichen Münzfälscher kommen gerade jetzt allesamt mit einem blauen Auge davon. Die gerichtlich bestellten Psychiater von heute bescheinigen den Staatsgaunern ohne grosse Bedenken «eingeschränkte geistige Fähigkeiten» und damit haben Gerichtsherren freie Bahn, den Kollegen vom anderen Amt an die Seite zu springen: Die staatlichen Fälscher von Münzen seien sich «der Tatsache der Münzfälschung nicht bewusst» gewesen. Sie waren eben vereidigte Beamte.

Nach einigen Tagen kam der amtliche Psychiater, ein Dr. Engel. Er sah meine verheilenden Narben, erfuhr die Ursache und rief – nicht etwa nach dem Staatsanwalt – nach dem Anstaltspfarrer, der gerade aus der DDR geflohen war und sich nun hier eine neue Existenz mit einem Etatposten aufbaute, den sonst keiner haben wollte. «Sehen Sie, junger Freund,» versuchte der Amtspfarrer zu trösten, «ich komme von drüben. Glauben Sie, junger Freund, glauben Sie es bitte, dort drüben ist es noch viel schlimmer.» Seine Stimme wurde so unangenehm beschwörend, seine Bitten, mich in mein Schicksal zu fügen, wurden so schleimig, dass ich ihn bat, zu gehen. Er blieb. Plötzlich stand mir vor Augen, ich weiss nicht warum, ein Militärgeistlicher inmitten einer grünen Wiese, auf der Soldaten knieten. In der Ferne rollte der Donner der Geschütze. Ich wollte mich nicht opfern, mich nicht kneten lassen. Ich schrie: «Raus hier!»

Zu meinem 33. Geburtstag, als ich nach einer Beschwerde beim Anstaltsdirektor, zwergenwüchsig und schreierisch (Hacken zusammen in Holzpantoffeln und Hände an die gestreifte Hosennaht), nach erneuten angeschlossenen Wärterschlägen in eine verkotete Einzelzelle – 'Isolierhaft' im heutigen Sprachgebrauch – gelegt worden war, kam der geistliche Sendbote wieder. Mit dem Versuch eines Witzes: «Die Zahl dreiunddreissig scheint für Sie eine Unglückszahl.» Er spielte damit auf mein beginnendes neues Lebensjahr und auf das Jahr der Hitlerschen Machtergreifung an. Ich konnte nur noch wimmern: «Raus, bitte, bitte raus.»

Als nächstes kam die Kriminalpolizei, es kamen Esslinger Kriminalpolizisten. Gerade waren meine Narben von den Esslinger Gefängnisschlägen verheilt, da kamen sie zu zweit, und nun sass ich ihnen unten im Vernehmungsraum gegenüber, durch vier lange Stunden gegenüber. «Versuchter Totschlag.» Ich atmete tief durch, endlich Licht, endlich Hilfe, endlich Menschen. Tatsächlich waren an jenem Abend, als ich aus der Redaktion des Dr. Bechtle (eines Duzfreundes von Springer) ins gegenüberliegende Gefängnis geschleppt worden war und als ich meine Not durch die Gitter hindurch zu dem unten aufgelaufenen Volke geschrien hatte, plötzlich fünf uniformierte Schläger, Messer, Pauli und Colewa unter ihnen, mit einem vorgehaltenen Weidengeflechtkorb und mit Holzknüppeln in meine Zelle gestürmt. Der Rest ist bekannt, nur knapp war ich mit meiner Narbe an der Halsschlagader, deren Fäden damals noch drin waren, am Tode vorbei gekommen.

«Sie wollen nicht verstehn,» herrschte mich plötzlich einer der Beamten in Zivil an – nach Monaten wieder ein «Sie», wenn auch etwas zu laut (das hier sonst gegenüber Gefangenen nur Seelenarzt Dr. Engel und der Seelentröster aus der DDR gebrauchten) –, «Sie sind es, gegen den hier ermittelt wird. Gegen Sie wird wegen versuchten Totschlags ermittelt, deswegen sind wir hier.» Der Stuhl unter mir wankte. Dass ich in einer Esslinger Einzelzelle versucht haben sollte, fünf durch einen Flechtkorb geschützte, mit Knüppeln bewaffnete Polizisten mit blossen Fäusten zu erschlagen, das schien schlussendlich späteren Richtern (nicht allen) zu starker

Polizei-Tobak zu sein, sang- und klanglos schien dieses Ermittlungsverfahren nach einiger Zeit den Orkus hinabzurauschen.

Nun kam der Pfarrer Thibaut, als Sendbote eines Richters Dr. Hunecke geschickt, der – wieder einmal – einen fairen Prozess versprach (also sind nicht alle Prozesse 'fair'?), wenn ich mitspiele. Bei Wohlverhalten und Geständigkeit, bei keinerlei Andeutungen über die psychiatrische Unterbringung, würde ich vom Richter Hunecke erstens nur wegen der Postkarten und dem Schlag ins Hoffmann-Gesicht verurteilt werden (der 'versuchte Totschlag' bleibe ausserhalb des Verfahrens) und zweitens würde meine Verlegung aus der psychiatrischen Abteilung von Hohenasperg in ein ordentliches Gefängnis erfolgen. Drei Tage lang kämpfte ich mit mir und dem täglich wiederkehrenden Anstaltspfarrer, dann war ich weich geklopft, sagte zu allem 'Ja und Amen'. Sehr geschickt hatte der Kirchenbote Thibaut durchblicken lassen, dass Gerichte mich auch durch Bekanntgabe meiner Unterbringung in einer psychiatrischen Abteilung noch nach meiner Entlassung rufmorden könnten. So einfach wird der behördlich geisteskranke Bürger in einen Normalbürger zurückverwandelt, wenn es passt, wenn er sich anpasst. Der 'faire Prozess' endete mit dem Hunecke-Urteil: «Ein Jahr Gefängnis, ohne Bewährung.» Bis dahin war der inzwischen dreiunddreissigjährige Obstgärtner Helmut Palmer nicht vorbestraft.

Und jetzt wirds ganz toll: Tatsächlich hatte mich dieser Richter Hunecke nicht angeklagt wegen 'versuchten Totschlags', da hatte er sein Wort gehalten. Jedoch unmittelbar im Anschluss an die Verurteilung durch ihn führten sie mich zu seinem Kollegen, zum Richter Berroth aus Nürtingen, dem ich bei früherer Gelegenheit sein falsches Protokoll zerrissen und mit der feierlichen Aufforderung, er möge sich damit seinen breitgesessenen Beamtenhintern wischen, zurückgereicht hatte. Mit sattem, wohlgefälligem Grinsen empfing mich der Herr über Freiheit und Knast: «Herr Palmer, hiermit eröffne ich gegen Sie ein neues Verfahren, ein Verfahren wegen versuchten Totschlags.» Zwei bewaffnete Polizisten liess der Amtliche mir bei dieser Eröffnung als vorsichtiger Mann zur Seite stehen.

Ohne die weitere Unterstützung aus der Bevölkerung, so glaube ich, ohne die geldliche Hilfe meiner leiblichen Mutter, die das letzte für die stets neue Vorschüsse fordernden Anwälte gab, damit diese das Totschlagverfahren in ein Verfahren wegen 'Widerstandes gegen die Staatsgewalt' wandelten, wäre ich nach Jahren noch nicht herausgekommen. Ohne eine Frau Lydia Koch aus Beutelsbach, ohne eine Familie Gugeler beispielsweise, die stets einsprangen, wenn Gerichtsvollzieher in meinem Geradstetten Frau und Kind bedrohten, wäre ich im Laufe der mir zugedachten Jahre tatsächlich verrückt geworden, ich hätte meine Tage in einer Anstalt beschlossen, die Unwissende 'Heilanstalt' nennen.

Nie werde ich, auch nachträglich nicht, einen Richter der Rechtsbeugung bezichtigen. Soweit bin ich inzwischen juristisch geschult, vorsichtig geworden, weiss ich doch dieses: Von bisher über 40.000 Richtern der BRD (in und ausser Diensten, teils wegen des Verdachts der Beihilfe bei einem

Tötungsdelikt, jawohl!) mit weit über 60 Millionen Urteilen ist bisher seit 1945 nicht einer von einem Kollegenrichter wegen Rechtsbeugung verurteilt worden, bis zum Bundesjustiz-Ministerium hinauf liegt da nichts im argen. Sollte ein Bürger mir das Gegenteil beweisen, er erhielte eine Fuhre Obst, frei Haus.

Die Postkarten-Haftstrafe sass ich schliesslich in Stuttgart-Stammheim ab. Es kam soviel Post aus allen Kreisen der Bevölkerung, dass ich voll beschäftigt war. Die Beamten waren es auch, die üblichen kleinen Schikanen weiteten sich aus, lauthals schimpften sie, die Mehrarbeit werde nicht bezahlt, die Vollzugsarbeit läge durch die vielen Briefe und Karten lahm, es gab da allerhand grosse Beschwerden kleiner Staatsdiener. Nach der Entlassung überschütteten mich auf allen Märkten, zu denen ich nunmehr fuhr, wildfremde Menschen mit Blumen, selbst Frauen, die aus Traditions- oder Ehegründen die Filbinger-Partei wählten, brachten grosse Sträusse, Dankbarkeit und Mitgefühl mischten sich.

Mit mir ging es ähnlich wie mit der gepeinigten deutschen Zivilbevölkerung im Zweiten Weltkriege, die durch britisch-amerikanische Bomber-Generäle zum Aufgeben gebracht werden sollte: Der Wille zum Siegen, der schon am Erlöschen war, bäumte sich auf. In frisch gewonnener Freiheit, in der ich nach dem Gitterleben zum politischen Kämpfer reifte, der genügend Einblick in die Verfilzungen der neu-alten Machthaberei, der Bürokratenkaste, mit dem alt-neuen Strafverfolgungsmonopol, der Richterkaste, erhalten hatte, hat es zwei weitere Versuche der Verfolgungsbehörden gegeben, mich zum Geisteskranken zu stempeln. Der Widerstand gegen eine Unrechtsjustiz 'in unserem Land' – das wurde zu einem Hauptpunkte bei meinem bald beginnenden öffentlichen Einsatz – hat sich verstärkt. Seitdem diese hinterhältigen Psychiatrisierungs-Versuche schliesslich (und möglicherweise endgültig) am untauglichen Objekt Palmer gescheitert sind, seitdem heisst es in den Urteilen der Richter, ohne dass diese dabei rot werden oder mit der Wimper zucken: «..... muss besonders hart bestraft werden, da für seine Taten voll verantwortlich.»

Bevor ich auf diese beiden folgenden Versuche komme, mich mithilfe der Pseudo-Wissenschaft lahm zu legen, erwähne ich der guten Ordnung halber die Ausnahme von der Regel, den Stuttgarter Landgerichtsdirektor Burkhardt, mit seinem rechtskräftig gewordenen Urteil vom 15. Juli 1972, das mich zu einer 'Gesamtgeldstrafe von 800.- DM' verurteilte, weil ich ein herumstehendes, herrenloses Polizeifahrzeug mit Uniformteilen und steckendem Schlüssel zum zuständigen Polizeirevier gefahren hatte («unbefugte Kraftfahrzeugbenutzung»): «Bei der Strafzumessung wurde mildernd das an sich ehrenwerte Motiv des Angeklagten berücksichtigt.» Lass doch das nächstemal die Terroristen, richtiger Gegenterroristen, mit herumstehenden Polizeifahrzeugen durch die Gegend brausen. 'Motiv ehrenwert' – daher 'ersatzweise 16 Tage Freiheitsstrafe', so dieser edle, gutwillige Landgerichtsdirektor, der von seinen Paragraphen nicht lassen kann. Das riecht nach Operationssaal: 'Operation gelungen – Patient tot.' Erlaubt ist, was gefällt, die Toten reiten schnell.

Mit der Psychiatrie kann man fast alles machen. Wenn ein Staatsanwalt oder ein Richter ihre Mitmenschen zu Tode fahren oder wenn sie in einem Kaufhaus stehlen, dann waren sie «zur Tatzeit nicht zurechnungsfähig» (was sie nicht hindert, bis zu ihrem 65. Lebensjahr weiterhin anzuklagen oder «Recht zu sprechen»). Dem Gericht in Esslingen fiel es plötzlich ein (nach einer entsprechenden Anfrage des Dr. Hoppmeier aus Filbingers Partei über den 'Dauerbewerber Helmut Palmer' im Stuttgarter Landtag), eine zwangsweise sechswöchige psychiatrische Untersuchung in einer geschlossenen Anstalt (mit der äusserst schmerzhaften Entziehung von Gehirnwasser) gegen mich anzuordnen. «Im Namen des Volkes.» Der Behördenschrieb kam an meinem Geburtstag. Mit dem nächsten Flugzeug floh ich von Stuttgart in die Schweiz. Aus dem Züricher Telefonbuch suchte ich die Anschrift des Psychiaters Professor Dr. Mauz. Er hörte mich ruhig an, besah sich meinen Einweisungsbescheid und fragte dann mit Trauer in der Stimme: «Ist es in Deutschland schon wieder so weit?»

Mit seinem kurzen Zeugnis «In der Schweiz ist es nicht üblich, Personen wie Herrn Palmer zwangsweise zu psychiatrisieren» traute ich mich in die Heimat zurück. Vor einem Lärm im Ausland haben unsere Staatsverbrecher Angst wie der Teufel vorm Weihwasser. Die Schuld an der schriftlichen Behördeneinladung zur Folter wurde einem unteren Gerichtsherrn in die Schuhe geschoben und an mich kam die katzenfreundliche Bitte, als freier Mann in Heidelberg, Stuttgart oder Tübingen eine Untersuchung von zwei, drei Tagen über mich ergehen zu lassen. Im Vertrauen auf den guten Ruf der Universität fuhr ich nach Tübingen. Ich Kamel, das dort für gesund befunden wurde, musste die hohe Rechnung bezahlen.

Der Tübinger Professor Dr. Ihrle begann mit seinem Idiotentest: «Wieviele Zentimeter hat ein Meter, wieviel Gramm hat ein Kilo?» Mit meiner Marktwaage mache ich Umsatz von einer Million und mehr, mit der Fabrik Bizerba bin ich einiger Verbesserungen wegen im Gespräch, und nun dies. Ich stand auf und strebte zur Tür. Professor Ihrle versperrte den Weg. «Ich glaube,» sagte er, «es kurz machen zu können. Was ist Nihilismus?» «Alles Leben,» antwortete ich, «endet im Nichts. Das sinnloseste auf der Welt ist der Mensch.» Danach kam nur noch die Frage, wie lang der Nil sei, die von mir geratenen 5000 Kilometer waren halbwegs richtig. Mit der Bestätigung «Palmer verfügt über eine hohe Intelligenz. Doch er ist in der Jugend gehänselt worden und davon blieb zurück eine Überempfindlichkeit gegenüber behördlichen Massnahmen» war das Spiel gelaufen. Gegenüber 'behördlichen Unrechtsmassnahmen', das hat der vor Gericht nur flüsternde, zweifelhafte Wissenschaftler nicht zu sagen gewagt.

Ein anderes Gericht versuchte später nochmals das üble Falschspiel. Angetan mit einem schwarzen Trauer-Talar der Justiz und mit einem Schild vor der Brust «Wer Palmer zwangs-psychiatrisiert, hätt' auch beim Adolf selektiert» stellte ich mich vor die in Aussicht genommene psychiatrische Anstalt in Winnenden. Nach dem Schild-Hinweis auf die Ärzte an der Rampe der Menschenvernichtungen stellte der

Leitende dort einen Strafantrag gegen mich, liess sich dann jedoch von einem Anwalt beraten und zog ihn zurück. Die Herren mit dem Muff von tausend Jahren fanden keinen weiteren Seelenverkäufer, der bereit gewesen wäre.

Unter der Überschrift ‹Ungeheuerlich›› berichtete die «Stuttgarter Zeitung» am 31.10.1972: «Helmut Palmer, der Rebell aus dem Remstal, weist unermüdlich auf die Fehler der Strassenbaubehörden hin. Der Behördenschreck sagt, was viele Kraftfahrer denken. Überhaupt unternimmt er sehr viel, was der Pantoffel tragende Michel auch gerne tun würde. Nur fehlt letzterem der Mut, der Mut zur Zivilcourage. Helmut Palmer ist die Maus, die mit spitzen Zähnen den Elefanten «Behörde» unermüdlich in die Waden zwickt. Der Elefant fühlt sich offenbar durch die ständigen Attacken belästigt. Die Maus zu zertreten wagt er nicht, weil sie vielleicht im Sinne einer schweigenden Mehrheit sprechen könnte. Nun glaubt man freilich eine Möglichkeit gefunden zu haben, die rebellierende Maus aus dem Verkehr zu ziehen. Wie bekannt, hat ein Gericht den Antrag gestellt, Palmer psychiatrisch untersuchen zu lassen. Es ist klar, dass der Remstall-Rebell mit einem «Jagdschein» in der Tasche zum bedeutungslosen Spinner abrutschen würde. Seine Aktionen hätten allenfalls noch den Stellenwert einer öffentlichen Volksbelustigung. Gewiss, Palmer ist ein impulsiver, leidenschaftlicher Kämpfer. Manche Aktionen sind ihm deshalb schon kräftig danebengeraten. Das ist aber noch lange kein Grund für den Antrag des Gerichts. Ihn für unzurechnungsfähig zu erklären, wäre eine Ungeheuerlichkeit.»

Die Ungeheuerlichkeit hat dann ein später zur Verstärkung herangezogener anderer Professor aus Tübingen nachgeholt, Theodor Eschenburg ist sein Name. Einer seiner Schüler, der Politologe und Professor Hahn, hatte gelegentlich versucht – das ist der Witz dabei –, als er auf politischem Parkett rutschte, den Palmer als Wahllokomotive vorzuspannen. Nachdem ich im Jahre 1974 bei der Oberbürgermeisterwahl von Schwäbisch-Hall mit 42% der Wählerstimmen in der gesamten BRD in Rede war, setzte sich das professorale Ungeheuer Eschenburg, das mich nie gesprochen hatte, im Aufnahmesaal des Stuttgarter Fernsehens in den Sessel: «Palmer? Typisch, hä, hä, Volksredner. Mir erscheint der Herr Palmer manisch-depressiv.» Am nächsten Mittag kamen meine Kinder weinend aus der Schule. Nun war die Reihe an ihnen, gehänselt zu werden.

Ich bete zum Herrn, dass auch sie beim Widerstand sich nicht bewaffnen werden – falls Widerstand noch erforderlich.

WAHLEN, WÄHLER, «FREI» GEWÄHLTE

Ich gehöre in den grossen, guten, mitteleuropäischen Schmelztiegel der verwandten Rassen aus Ost und West, aus Nord und Süd, ich bin Deutscher. Meine Umwelt hat mich geformt, geschlagen und wieder aufgerichtet, ich bin vor allem Schwabe. Und eines bin ich noch: Christ. Ich glaube, dass ich meinen Nächsten lieben soll wie mich selbst.

«Wenn ein Tyrann einen Unterthanen angreift und verfolgt, so greift er an und verfolget die anderen alle,» so Martin Luther. Nicht nur auf dem Reichstag zu Worms hat er die Idee des aktiven Widerstands gegen Willkür verfochten, sondern immer und überall, in der Kirche, auf dem Markt und in seinen Tischreden, wie hier. Es gibt ein christliches Widerstandsrecht, für mich gibt es eine christliche Widerstandspflicht.

Würde ich aufgeben, dann würde ich mich selbst aufgeben, meine innere Flamme würde erlöschen, ich wäre nur noch Hülle. Das Unglück in unserer deutschen Geschichte, das grosse Unglück unserer jetzigen Spaltung, woher rührt es denn? Immer haben wir bei aller Tüchtigkeit zu wenig Menschen mit Zivilcourage gehabt, immer haben wir zu viele

Menschen gehabt, die jeden Mist bejubelten, wenn er nur obrigkeitsstaatlich genug stank.

In langen SA-Stiefeln durch die Landschaft und dreissiger Jahre zu marschieren, Propaganda-Artikel schwersten Kalibers für das braune Regime zu verfassen, seine denkenden Soldaten vors Peloton zu bringen, sie noch nach dem verlorenen Gewaltunternehmen ins Gefängnis zu stecken, wenn sie den Hakenkreuz-Adler sich von der Brust vor dem Befehl dazu rissen, da sagen mir Weisswaschungen derjenigen nichts mehr, die mit Filbinger im gleichen Marine-Boot an Land gesessen haben. In einem Land (Norwegen), in dem der Krieg praktisch im Saale stattfand, im Gerichtssaale nämlich. In einem Land, in dem – nach Churchill – «die billigsten Gefangenen der Welt das Ende in beschaulicher Ruhe abwarten konnten». In dem nur dann und wann ein Schuss fiel, abgegeben von der deutschen Militärbürokratie auf die eigenen Soldaten. Einen grösseren politischen, moralischen, geistigen Gegensatz wie den zwischen Filbinger und Palmer kann ich mir nicht ausdenken. «Eine demokratische Wirklichkeit ohne Recht und Pflicht zum Widerstand gibt es nicht,» generalstaatsanwaltliche Rede des Fritz Bauer, ich stimme voll zu.

Zunächst unterstützte ich nach meinen Zwangsaufenthalten Anfang der sechziger Jahre SPD und FDP, bei Wahlen gab ich die Erststimme der einen und meine Zweitstimme der anderen Partei, den vermeintlich kleineren Übeln. Bis ich merkte, welch 'nützlicher Idiot' ich dort war, wie Schatten geboxt, Absprachen übelster Art hinter dem Rücken des Wahlvolks getroffen wurden, dass sich die Balken bogen. An

Beispielen, die jeder Bürger im Lande in der Stuttgarter und auch Bonner Politik ohne Schwierigkeiten und in jeder gewünschten Menge finden kann, wurde mir klar: Auch in der BRD gibt es nur eine einzige Partei, die Westdeutsche Einheitspartei. Ich begann, die rechtlichen Möglichkeiten, die unser Landeswahlrecht bietet, zu nutzen, stellte mich also als Parteiloser bei Bürgermeister- und Oberbürgermeisterwahlen zur Verfügung.

Den Anfang machte ich vor einem knappen Jahrzehnt im benachbarten Schorndorf, es wählten den Palmer auf Anhieb 6.6 Prozent. Kurze Zeit darauf erhielt ich in Reutlingen 10.4 Prozent, in Kirchheim-Teck 26 Prozent und so ging es weiter, die Ergebnisse blieben zweistellig. Presse, Rundfunk, Fernsehen und schliesslich auch Amtsinhaber wachten auf. Helmut Palmer wurde zu einem Begriff

für Freiheit seiner Rede (auch wenn es Polizeischikanen dabei nur so hagelt: «Ihr rechter Aussenspiegel ist im unteren Drittel beschlagen»),

für unnachgiebigen Kampf gegen Behörden-Auswucherung (auch wenn Schreibtischtäter mich unentwegt hetzen: «Sie dürfen (auf eigenem Land aufgezogene) Himbeersträucher nicht verkaufen,» wo Lehrmädchen im Kaufhaus längst vertrocknete Sträucher behördlich ungehindert verscherbeln),

für nicht erlahmenden Kampf gegen Justiz-Terror, den Vater des Gegenterrors bewaffneter Banden (auch wenn diese baden-württembergische Justiz mich gerade wieder anklagt: «Sie haben Regierungspräsident Dr. Bulling als Leiter des Regierungspräsidiums Stuttgart und die ihm unterstellten Mit-

arbeiter dieser Behörde in ihrer Ehre in erheblichem Umfang verletzt»),
für den Kampf um eine **entideologisierte** Gesellschaft (auch wenn die Südwestpresse in Ulm diesen meinen Anzeigentext gerade wieder in schon herkömmlicher Weise umfälscht in «Schaffung einer ideologischen Gesellschaft»).

Bei meinem Einsatz taucht oft die Frage nach meinem Programm auf, es gibt da nur zwei Hauptpunkte. Zwei Doppelpunkte, denn zur Kritik gehört bei mir die Alternative, sonst habe ich – auf schwäbisch sagen wir es so – die Gosch zu halten.

Doppelpunkt eins: «Ablösung der ideologischen Parteienherrschaft durch Pragmatik.» Der unsachverständige Interessenklüngel aus Kirchenschwarz, Parteibuchrot und Industriegold hat aus Parteien, die nur Volksorganisationen sein sollten, eine aus Steuergeldern und absetzbaren Schmiergeldern finanzierte Staatsinstitution gemacht. Der Rest ist nicht Schweigen, sondern bekannt: Jugendarbeitslosigkeit, Berufsverbot, Umweltvernichtung, Terrorismus. Auf einem gut bestellten Acker gibt es keine Disteln. – Den Verstand der Verständigen brauchen wir. Die Mitteleuropäer sollen Brücke, nicht Vorposten fremder Imperien sein. Wenn in den Vereinigten Staaten von Amerika bei grösserer Verkehrsdichte in den Städten die Zahl der Verkehrstoten geringer als bei uns ist, dann können wir im Strassenbau dort lernen. Wenn in der Sowjet-Union der früher niedrige Bildungsstand heute weitgehend durch immer mehr, immer tüchtigere Techniker, Ingenieure und Ärzte überwunden ist, dann können wir im

Schulwesen dort lernen. Wenn in der Schweiz bei kärgerem Boden die Ernten reicher sind, dann können wir in der Bodennutzung dort lernen.

Doppelpunkt zwei: «Umwandlung des Behörden-Wasserkopfes in Bürger-Selbstverwaltung.» Die Behinderung der Bürger durch eine aufgeblähte, arrogante, korrupte, unfähige Bürokratie ist jedem Unabhängigen inzwischen so augenscheinlich, dass auf dieser Buchseite kein weiterer Satz an sie verschwendet wird. – Ausgehend von geschichtlichen, kulturellen, wirtschaftlichen Besonderheiten unserer Landstriche finden wir in den Bürger-Selbstverwaltungen frei gewählte, nicht durch Waschmittel-Propagandisten aufgebaute Abgeordnete unseres Vertrauens und damit Ausdruck unseres Willens, nach unseren Vorstellungen zu leben. Schaffen wir links der Elbe einen Rechtsstaat, so wird der Sog so stark werden, dass der deutsche Staat rechts der Elbe von alleine, trotz aller Widerstände von aussen, hinzukommt. Das gleiche gälte umgekehrt.

Zusammengefasst: Von unten nach oben, nicht von oben nach unten.

In Sachen Interessen-Verband Staatsparteien/Staatsbürokratie nimmt mir Professor Dr. Ewald Hubig aus Gummersbach das Wort aus dem Mund: «Ich stütze mich auf die Erfahrungen in meinem Berufe und ich vermute, dass die wirklichen Aufgaben einer staatlichen Verwaltung andere sind, beispielsweise:

1. Die Herrschaft der Regierungsparteien zu erhalten. Das wird dadurch erreicht, dass jede Eigeninitiative der pro

duktiv Tätigen erstickt wird.

2. Zu beweisen, dass die Politik der Regierung gut ist. Dafür gibt es Berichte und Statistiken, denen sich die Wirklichkeit zu beugen hat.
3. Kritiker mundtot zu machen. Das erreicht man durch Vorschriften, die formal einzuhalten sind. Hält man sich daran, ist es der strafbare «Dienst nach Vorschrift» (Stillstand), hält man sich nicht daran, ist es ein Dienstvergehen.
4. Sich selbst zu stützen. Deshalb werden Angehörige der Regierungsparteien begünstigt, und die Verwaltungsbeamten dürfen sich mit sehr wohlwollender Unterstützung der politischen Parteien selbst gegenseitig befördern.

Man wird kaum bestreiten können, dass die Verwaltung solche Pflichten sehr gut erfüllt. Die Politiker der Regierung sind deshalb mit ihr sehr zufrieden.

Einziger Nachteil: Das System wird eines Tages zusammenbrechen.»

Herr Professor Hubig vermutet sehr richtig. Ich, Helmut Palmer, vermute, dass ohne diese filzokratische Versippung der Kirchenideologe und Kirchenbeamte Eugen Gerstenmaier, der sich so schamlos an Wiedergutmachungsgeldern und mit Aufsichtsratsposten bereicherte, nicht einmal in den Rat seiner Heimatgemeinde Kirchheim-Teck gewählt worden wäre. Ich vermute weiterhin, dass ohne diese filzokratische Verstrickung der Verstaatlichungsapostel und Parteibeamte Willy Brandt, der so tölpelhaft über einen Spion stolperte, nicht einmal in den Rat seiner Heimatstadt Lübeck gewählt worden wäre.

Bei der Oberbürgermeisterwahl in Schwäbisch-Hall bekam ich 1974 im ersten Wahlgang mit 40 und im zweiten Wahlgang mit 42% die meisten Stimmen als Einzelkandidat. In grosser Geschwindigkeit einigten sich die etablierten drei Parteien auf einen Einheitskandidaten (Presse: «.. den 'Filderkrautschultes', wie Palmer ihn nennt»), die Westdeutsche Einheitspartei stand also fest gefügt und unerschüttert. Wieder einmal durfte ich nicht zeigen, dass ich bürgernäher, menschlicher verwaltet, die vorhandenen Mittel wirkungsvoller eingesetzt und nicht verschleudert hätte. Meine Sätze auf Märkten und Grossversammlungen waren von den Hallern gut verstanden worden: «Ein Vollkaufhaus ist Vollidiotie.» «Ein Häuschen im Grünen ist die beste, die billigste Erholungsanstalt.» Über die Zerstörung des Mittelstandes durch Begünstigungs-Behörden, an denen nur Grossbetrüger ihre helle Freude haben, kann ich ein Wort mitreden und ich tat es in Schwäbisch-Hall auf schwäbisch.

In Stuttgart auf dem Grossmarkt herrschen Grosschiebungen mit Handelsklassen und Qualität in einem unvorstellbaren Ausmass, mit dem Wiegen geht es zu wie zu Zeiten der Gaispeter-Rebellion. Über den amtlich bestallten Kontrolleuren liegt der Dunst der Korruption. «Wo Beamte sind, ist Korruption. Wo Korruption ist, sind Beamte.» Die Schwäbisch-Haller kannten eigene Beispiele: «Wenn du betrügst, dann bitte nicht unter einer Million. Das ist die Freigrenze, von der ab dir nichts mehr passiert.»

Die «Stuttgarter Zeitung» beschrieb, wie ich «in der heissen Phase» den Wahlkampf führte: «Intelligenz paart sich mit hochfeinem Gespür für kommunalpolitischen Zündstoff.» Ich habe es immer bekannt: «Wer im politischen Leben den andern nicht angreift, der hat nicht mehr Anstand als der andere, sondern keine Pfeile im Köcher und meist etwas zu verbergen.» So weit wie Adenauer bin ich dabei allerdings nie gegangen, der den Westdeutschen riet, nach Amerika auszuwandern, sollte sein Gegenkandidat durch den Wahldschungel als erster kommen. (Kurz darauf schlossen 'links' und 'rechts' dann ihre 'Grosse Koalition').

Mein Wahlerfolg von 42% liess in Stuttgart Herrn Filbinger vors Rundfunk-Mikrophon treten: «Herr Palmer ist nunmehr sehr ernst zu nehmen», und ein Abgeordneter aus Bonn, in dem zur Abwechslung gerade die Steiner-Wienand-Angelegenheit allgemeinen schlechten Geruch verbreitet, rief im Radio: «Eine Selbstzerfleischung der Parteien können wir uns nicht leisten, sonst kommen Leute hoch wie der von Schwäbisch-Hall.»

'Der von Schwäbisch-Hall' bekam Besuch, von einer dieser «Anstalten des öffentlichen Rechts» (der drei zusammengeschlossenen Parteien), vom Südwestfunk Baden-Baden, den ich Filbinger-Sender nenne. Sinn und Zweck des Unternehmens war, den 'Bürgern im Lande' zu zeigen, dass der Mann, dem die Haller fast die Hälfte ihrer Stimmen gegeben hatten, nur beschränkt zurechnungsfähig sei und dieses oberfaule Unterfangen endete damit, dass der Beamten-Professor Eschenburg feststellte, auch die Palmer-Wähler seien nicht ganz bei

Trost, so gross sei eben zuweilen in der Bevölkerung der Anteil der politisch noch immer nicht ganz Mündigen. Das Ende der Geschichte ist bereits im Kapitel 'Seelenverkäufer' erzählt. Hier die Geschichte:

Am Wahlsonntage abends, als ich gerade erfuhr, dass der Einheitskandidat der drei Parteien gegen meine 42 Prozent durchgebracht worden war, kam ein Herr Darweger vom Sender, sprach von dem Anwalt Moge Glistrup aus Dänemark, der genau wie ich das Volk aufgerüttelt habe, von der möglichen Bedeutung für das politische Gefüge in Europa und er liess noch einige weitere höfliche Redensarten vom Stapel. Nun, Glistrup ist für mich ein Pragmatiker und sein Vorschlag, die dänische Armee durch fünf Lautsprecher an den Grenzen des Königreiches zu ersetzen, die im Kriegsfalle brüllen: «Wir kapitulieren, wir kapitulieren!» scheint mir im Hinblick auf die glatte Unmöglichkeit, das flache Land gegen Landungen von See und gegen Fallschirmtruppen aus der Luft zu verteidigen, zumindest erwägenswert.

Mit Darweger kamen die Fernsehleute und wir verabredeten, in einer guten Gaststätte in Beltersrot, etwa 20 Km von Schwäbisch-Hall, den Vorfilm für eine Sendung am übernächsten Tage, am Dienstag also, zu machen. In dieser Sendung sollte ich im Sendesaal direkt mit den Vorsitzenden der Parteien, Eppler und wie sie sonst noch hiessen, das Wahlergebnis von Schwäbisch-Hall diskutieren. Wir sprachen also über den Rufmord durch die Haller Zeitung, die am Vorabend der Wahl – als ich mich nicht mehr wehren konnte – in Balkenüberschrift gemeldet hatte: «Palmer gewalttätig!» (Wobei es um das Absägen einer absterbenden Kastanie an einer Omnibushaltestelle, einem Verkehrshindernis ersten Ranges, von den Fahrern der Busse gefordert und im Fernsehen ausgestrahlt, gegangen war.) Als an diesem Sonntagabend in der Gaststätte nur belanglose Fragen noch kamen, ich geschafft vom wochenlangen Wahleinsatz vor meinem Schoppen sass, da begannen sie, aus einer Ecke zu filmen. Ich war zu müde, um noch richtig hinzusehen. Und das war dann der Film, den die Partei-Verwaltungs-Propagandisten in der Dienstag-Abend-Sendung dem Fernsehvolk und dem Herrn Eschenburg, der neben den Parteigrössen im Studio sass, zeigten, sodass der Verwaltungsprofessor mit seinem Urteil schnell bei der Hand war: «manisch-depressiv.»

Ich bin belogen worden. Vier Stunden vor der Sendung wurde ich ausgeladen, telefonisch: «Die Herren Parteivorsitzenden wünschen mit Ihnen keine Diskussion. Wenn Sie das Studio betreten, verlassen die Herren den Sendesaal.» Natürlich konnte ich das gut abgeschirmte Studio unter diesen Umständen gar nicht betreten. Statt Palmer erschien also dieser Eschenburg, das 'Gewissen der Nation', auf der Mattscheibe, die gerade den Vorfilm aus Beltersrot gezeigt hatte: «Wenn ich mir den Palmer so ansehe, wie er einen zusammenhängenden Satz nicht bilden kann, er scheint mir partiell geistesgestört, wie er langsam spricht, die Lippen zusammenpresst, typisch Volksredner, das haben wir doch schon früher gesehen, die Lippen zusammen gepresst, typisch Volksredner ....» Das professorliche Gestotter zielte auf Goebbels, der nun wirklich nichts mit Palmer zu tun hat.

So wurde zum Halali, zur Jagd auf diesen 'Rattenfänger von Schwäbisch-Hall' geblasen. Abiturienten, Studenten, die mich mit Wahlplakaten unterstützt hatten, waren auch bei späteren Wahlkämpfen dabei, doch nur noch nachts. Eine angehende Lehrerin sagte mir in Eislingen: «Lieber Herr Palmer, jetzt kann ich nicht mehr dabei sein. Wenns herauskäme, ich würde meine Anstellung nicht erhalten.» Der Terror, so frage ich, beginnt wo?

Weiterhin heisst es mit dieser amtlichen Behämmerung: «Beamte nach vorn, in die Gemeinde-, in die Stadträte, in die Parlamente.» Beamten-Plakate und ihre Wahlkampfbroschüren werden aus Steuergeldern bezahlt, Beamte leiten Podiumsdiskussionen in aus Steuergeldern gemieteten Sälen, sie teilen sich als Fragesteller gegenseitig ein, schieben sich die Rednerauftritte gegenseitig zu. Die Wortmeldung eines freien Bürgers fällt unter den Vorstandstisch da oben, da passen sie höllisch auf: Beamte werden, das ist bekannt, vor Wahlkämpfen bei vollem Gehalt beurlaubt. Es ist, als sage der Schiedsrichter beim Einhundertmeterlauf einigen Wettkämpfern: «Ihr Startloch liegt zwanzig Meter weiter vorn.» Als Gewählte verdienen Beamte dann doppelt.

Bei den Kandidaten-Vorstellungen geht es zu wie im vermeintlich sichern Port: Landwirte, Obstbauern schaffen bis etwa 19 Uhr. Wenn diese Werktätigen in den Saal kommen, ist die Hälfte der Plätze bereits durch nur stundenweis beschäftigte Beamte besetzt. Auch wenn der Finanzbeamte Rommel bei seiner Wahl zum Oberbürgermeister Stuttgarts es gar nicht selbst gefordert hat, es flimmerten – welch ein Zufall –

über die Leinwände der Stadt die Filme vom Marschall-Vater, dem «Wüstenfuchs». Der nichtbeamtete Kandidat watet derweil durch den Schlamm der Presse und die Tretminenfelder der Justiz. «Einig gegen Recht und Freiheit,» mein Vorschlag für eine Hymne im Filbingerland.

Wenn bei Ein-Mann-Kandidaturen 70% der Wähler nicht zur Wahl gehen (wie in Pforzheim oder Vaihingen/Enz), so ist der von einer kleinen Minderheit Angekreuzte gewählt. In Baden-Württemberg genügt unter diesen sogenannten demokratischen Umständen im Zweifelsfalle eine einzige Stimme zum Wahlsieg. Der stumme Protest des Volkes bleibt unbeachtet. In Alt-Württemberg galt die Wahl nur, wenn mindestens die Hälfte der wahlberechtigten Bürger ein Kreuz gemacht hatte.

Mein Redeplatz ist der Markt, ich spreche in Sälen und Hallen, meine Rede ist schwäbisch. In amtlicher Unvernunft glaubten sie irgendwann, meine Erfolge rein aufs Schwäbischschwätzen zurückführen zu können, versuchten sich dann ebenfalls, mehr schlecht als recht, in der Sprache des Volkes und druckten jedenfalls Autoaufkleber: «Ich schwätz schwäbisch, du auch.»

Oft zitierten sie mich falsch, beklagten sich und mich wegen Beleidigung. Auch Presseleute hatten nicht richtig hingehört. So meldete der «Stern» aus dem Haller Wahlkampf diesen Palmer-Spruch: «I bän koi Partei-Nutte. Als vielseitiger Mann kann i gleichzeitig scheisse, Kraut hacke ond's Haar locke.» Tatsächlich hatte ich behauptet, dass kein Mann gleichzeitig Kraut hacken, scheissen, dem Herrn Pfarrer

'Grüss Gott' sagen und in den Himmel schauen könne. Richtig ist meine Feststellung, ich sähe «der Kuh am Arsch an, was die Butter in Frankfurt kostet.» Jedoch, kann mit dieser Rede ein Landwirtschaftsminister beleidigt sein?

Da kommen die Menschen auf den Marktplätzen zu mir und flüstern, nachdem sie sich vorsichtig umgesehen haben und wenn die Polizei weit genug entfernt steht: «Davon müssten wir mehr haben, die so den Mund aufmachen. Dann kämen Ordnung und Gerechtigkeit ins Land.» Da packt mich die Wut, immer wieder, und ich antworte: «Zum Donnerwetter, würdest du mitmachen, dann gäbs einen mehr. Und wären wir fünfzig, wir würden das Unrechtsystem aus den Angeln heben.»

Mit meiner Frau fuhr ich nach einem der Wahlkämpfe, die vier Kinder hatten wir der Schule wegen daheim gelassen, über den Gotthard nach Mailand. Meine beste Kameradin war bedrückt, dass ich wieder gegen Rufmord und grosse Kaliber der 'Postenerwerbs- und Posten-Versicherungsgesellschaft auf Gegenseitigkeit' nicht angekommen war. Da hielt ich den Wagen an und zeigte auf eine ins Tal gedonnerte Lawine, die Felsbrocken und Schneebretter mitgerissen hatte. «Schau,» sagte ich, «der winzig kleine Druck eines Vogels kann genügen, um Tausende von Tonnen in Bewegung zu bringen.»

UMWELTVERGIFTUNG, STRASSENMORD, PLANUNGSVERBRECHEN

Der Südwestdeutsche Rundfunk hat behauptet, Palmer habe «als erster die Macht und die Möglichkeiten des passiven Wahlrechts» erkannt. In der Tat: Wenn ich mich beispielsweise in Stuttgart bei der Stadtväterwahl aufstellen liess, dann durfte ich nicht damit rechnen, gegen Zig-Millionen Mercedes-Schmiergelder für die Filbinger-Partei anstinken und den Oberbürgermeistersessel zum Nutzen der Landeshauptstädter erklimmen zu können. Zumal ich damals bereits wusste, dass diese Parteien-Finanzierungen durch Riesenbetrügereien der Grossunternehmen zu Lasten der Steuerzahler erst dann von Staatsanwälten bemerkt werden, wenn die Helfer von der Justiz gleichzeitig «Verjährung» feststellen.

Durch den aktiven Gebrauch vom «passiven Wahlrecht» habe ich bei meinen Kandidaten-Vorstellungen beachtliche, oft entscheidende Erfolge erzielen können, ohne als erster durchs Ziel geschossen zu sein. Ich habe Denkanstösse gegeben und Verbrechen unterbeschäftigter Planer in vielen Fällen verhindert. Alleine das Wort vom «Planungsverbrecher», das von mir stammt, hat so manches Unglück verhüten helfen.

Darum ging und geht es mir. Zu den Politikern, deren einziges politisches Ziel es ist, wiedergewählt zu werden, gehöre ich also nicht. Ich verdiene mein Brot durch Arbeit.

Bei meiner Aufstellung in Ulm zitierte mich 1972 die Presse so: «Ich bin kein Utopist und weiss ganz genau, dass ich nicht Oberbürgermeister werde. Ich will aber, dass die Probleme auf den Tisch kommen. Um Oberbürgermeister zu sein, muss man auf dem Teppich bleiben und sehen, wo der Teig goht. Ich mute mir als Pinscher zu, mehr zu sehen als diejenigen, die eine blaue Brille aufhaben.» Der Ulmer Artikel erfasste es: «Der Kandidat Helmut Palmer entwickelte in über einstündiger freier Rede sein Programm mit den Schwerpunkten Bürokratie und Verkehrsplanung. Er bedauert, dass sich die Menschen zu wenig bewusst seien, welche Kräfte in ihnen wohnten. Man brauche keinen Doktortitel, um Oberbürgermeister zu sein. Das Wort Fachmann sei mit dem Begriff Fachidiot eng verwandt.»

Bei Wahlkandidaten, die ich für völlig ungeeignet hielt, kam das Wort auf, diese müssten zuvor «über die Palmerklinge springen.» Das Remstal wurde mit Hochhäusern versaut von einem Baulöwen Pfaller und als dieser dann in Grözingen zur Erleichterung seiner weiteren Vorhaben das Bürgermeisteramt anstrebte, da sagte ich mir: 'Warte, lieber Freund, du wirst hier nicht der Schultes.' Er unterlag, ihm fehlten sieben Stimmen. Bei der anschliessenden Pfaller-Klage gegen Palmer tat dann der Richter nicht mehr mit, die völlige Abschaffung der Meinungsfreiheit wollte auch der Gerichtsherr nicht verordnen. Landesherr Filbinger stellte sich anschliessend auf den

Marktplatz von Waiblingen: «Auch mir gefällt die Chicagoisierung des Remstales nicht,» plapperte er mir nach. Die Botschaft hör ich wohl, allein mir fehlt der Glaube.

So erreichte ich durch meinen Einsatz bei Wahlen, auch durch meinen Kampf mit den «Palmer-Vermischt-Anzeigen» in der Presse, auf die ich gleich genauer kommen werde, dass in unserem Remstal Tausende von behördlichem Abbruch bedrohte Wochenendhäuschen stehen bleiben. Bei der Meinungsbildung arbeitete ich in den Zeitungsanzeigen mit Fotos herrlicher kleiner Häuser, die in blühenden Gärten liegen. Wer an Veilchen und an seinem kleinen Stückchen Land Freude hat, die Erde pflegt und hegt, der sitzt bei seinem Lebensgenuss weniger auf der Tribüne des Fussballplatzes, weniger vor dem Fernseher, seltener im rauchigen Bierhaus. Im April 1978 schliesslich erklärte der Bürgermeister Hofer dem am Bahnhof Geradstetten einfliegenden Minister Späth: «Herr Minister, wenn wir die vorgesehenen Abbrüche der Wochenendhäuser durchführen, dann gibt es hier einen Volksaufstand.»

Die abreisswütigen Amtsinhaber halten bei der Genehmigung oder Verweigerung von Bauvorhaben den Bauwilligen oft so lange hin, bis dieser mit seinen Ersparnissen die Flinte ins Korn wirft. «Bauen macht grauen.» Wieviele Herzinfarkte gehen auf das Konto von Behördenschikanen, zu Lasten der stets wechselnden, willkürlichen Auslegungen von Dschungelgesetzen? Wir können es nur ahnen. Die Linie der Hinderer ist sehr einfach erklärt: Durch Verweigerungen und Hinhaltungen das Bauland im Werte sinken zu lassen, bis es schliesslich für einen Pappenstiel an mächtige Interessenverbände verkauft wird, die dann auf billig erworbenem Grund feudale Terrassenwohnungen und hohe Wohnsilos aus dem Boden schiessen lassen.

Der staatliche Terror geht so weit, dass für Weingartenhäuschen, die durch viele Generationen nicht zusammengebrochen sind, neuerdings Genehmigungen eingeholt und statische Berechnungen angestellt werden müssen. Kurz, treufilbingersche Beamte laden die Weinbauern zu Gesetzesbrüchen ein, weil bei neuen niedlichen Häuschen zum Schutz vor Wind und Wetter, die sich wunderbar in die Landschaft einfügen, der Papierkrieg inzwischen teurer geworden ist als Steine und Arbeitszeit zusammen.

Der von mir nicht sehr verehrte Stuttgarter Regierungspräsident Dr. Manfred Bulling ist mit seiner 1000-Mann-Behörde für mich der 'Hinhaltende Hinderer Nummer eins' im Lande. Die Presse wacht bei seiner Beurteilung ganz langsam allmählich auf: «... kann bei der Genehmigung von Bauvorhaben und der Bearbeitung von Widerspruchsbescheiden ruhig einen Zahn zulegen.»

Wenn es an den Umweltschutz geht, dann stellt sich Bullings eingefleischte Behörde dumm und taub. Durch die fortwuchernde Umweltvergiftung erlebten wir 1976 das grosse Fischsterben in der Rems. Weder das Wasserwirtschaftsamt noch die Gemeinden waren bereit, für das Bergen der verendeten Fische zu zahlen. So fragte das Landratsamt Waiblingen im September 1976 beim Herrn Regierungspräsidenten Bulling, wer für die verwesenden Fische nun schlussendlich aufkommen müsse. Ich zitiere aus einem späteren Landratsamt-Bericht: «Nachdem eine Antwort nicht eingegangen ist, hat das Landratsamt am 18.7.1977 wegen eines erneuten Fischsterbens an gleicher Stelle an die Erledigung der Angelegenheit erinnert. Eine Antwort des Regierungspräsidiums ist bis heute noch nicht eingegangen.»

In der Versprechungsdemokratie fasst kein Wahlkämpfer heisse Eisen an. Durch immer mehr Kunstdünger, immer stärkere Medikamente werden wir planmässig vergiftet, die Anzahl der Krebstoten steigt von Jahr zu Jahr, aus purer Feigheit hält keiner der Berufspolitiker den Kreislauf der Unvernunft an. Dafür stellen die sich berufen fühlenden Vertreter des Volkes ausgediente Lehrer, die nie einen eignen Quadratmeter beackerten, die nicht wissen, ob das junge Huhn vom alten säuft, als «Landschaftsschützer» an. Mit dieser Augenwischerei erwarten sie Ruhe im Lande und dass – zum Beispiel – nur ja nicht die hässlichen Überlandleitungen unter der Erde verkabelt werden.

Beim Vernichtungswettbewerb hält die Filbinger-Polizei, wenn sie aufgerufen wird, die Reihen fest geschlossen. Bei vielen Aktionen der Gegner des Kernkraftwerkes Wyhl war ich dabei. Ich habe gesehen, wie eine zweiundachtzigjährige Frau, die ich kenne, bei ihrem Sitzstreik mit einem Schaufelbagger hochgehievt wurde. Für Filbinger waren unsere Demonstrationen in Südbaden ein «unqualifizierter Protest.» Für Professor Oberth (den geistigen Vater Wernher von Brauns) sind die Atomkraftwerke (das weiss ich aus einem seiner Briefe) «Angelegenheit einer mächtigen Atom-Lobby» bei den völlig unsachverständigen, leider nur zu oft empfänglichen Regierungsleuten. Seine Pläne, die Windenergie in 10 Km Höhe («Vorschläge für ein Windkraftwerk») ungefährlich und bedeutend preisgünstiger zu nutzen, amtsschimmeln in Bonner Schubladen.

Jeder von uns weiss, dass Kernkraftwerke nicht umfassend vor Terror und Sabotage geschützt werden können. Im Kriegsfalle verwandeln sich die Anlagen durch einfachen Bombenabwurf in Atombomben. Wir leben nicht im menschenleeren Sibirien und nicht in einer verlassenen Texaswüste, wir leben im ausserordentlich dicht besiedelten Raum zwischen Rhein und Elbe. Wir wissen weiterhin, dass die Frage der Ablagerung von hochaktivem Müll, der einige hunderttausend Jahre aufbewahrt werden muss, nicht im geringsten gelöst ist. Eine gesamtgesellschaftlich vertretbare Kosten-Nutzen-Analyse für Kernenergie fehlt völlig. Und an der Ruhr wachsen die Kohlehalden.

Die Angst vor Strahlen geht um. Diese unsere Ängste mit früheren Bedenken vor der Dampflokomotive zu vergleichen, das ist staatsverbrecherisch. Uns, die gewaltlosen Widerständler zu Kommunisten oder Geisteskranken zu stempeln, das ist presseverbrecherisch. Welche Finanzkräfte zahlen da für «Situations-Analysen» und «Expertisen»? Der Transmissionsriemen Massenmedien läuft sich für die gefrässigen Atom-Herren heiss. Gegen alle Massenverdummungsversuche formuliere ich so: «Wenn ich ein Flugzeug in die Luft schicke und sage dabei den Passagieren: 'Nur Ruhe, wenn wir landen, wird die Piste vermutlich fertig sein', dann handele ich gewissenlos.»

Helmut Ostermeyer, Richter und Lehrbeauftragter für Strafrecht an der Universität Bielefeld – diese Ausnahme von der Regel –, erlaubt in der Frage der Kernkraftwerke aktiven Widerstand: «Gegen rechtswidriges Handeln gibt es ausser Rechtsbehelfen auch Selbsthilferechte.» Und weiter: «Die Widerstandsrechte berechtigen, wenn sie erforderlich sind, auch zur Gewaltanwendung.» – Springers «Welt» schlug sofort hart zu: «Scharf-Richter» und der Artikel beginnt «Ein gewisser Helmut Ostermeyer» und er endet «.... wird unerträglich.» Mit diesem Aufruf, seine Existenz zu vernichten, heizt Springer das Geschäft des Jahrhunderts, das Atom-Geschäft, bis über die Grenze des Erträglichen hinaus an: «Den Lehrauftrag an der dortigen Universität ist er nun los. Aber man fragt sich, ob das genügt. Er ist auch noch Richter.»

Solange staatliche oder halbstaatliche Stromwerke mir mit der Rechnung die Aufforderung ins Haus schicken: «Strom kommt sowieso ins Haus – nütz ihn aus!», solange glaube ich an die ganze Energiekrise nicht. Alles wedelt im Lichte herum. Hier erkennen wir die Hintermänner der Legendenverbreiter von der Energiekrise, unsere Lebensbedroher, in Umrissen: Zum Urankartell gehören die französische «Uranex», die kanadische «Eldorado Nuclear Ltd.» und die britische «Rio Tinto Zinc». Bereits im Jahre 1972 gründeten diese Gesellschaften und weitere multinationale Unternehmen in Paris klamm und heimlich ein Kartell zur Kontrolle der Weltmarktpreise für den von den Atom-Zentralen benötigten Stoff.

Hauptsache, die Preise stimmen, danach die Sintflut.

Gegen Mörder habe ich etwas, besonders gegen jene, die mit weissem Kragen an amtlichen Tischen zeichnen, rechnen und planen und den «Verkehrsteilnehmern» (das ist der amtliche Ausdruck für uns) das Leben verkürzen. Ich habe auch etwas gegen Pfarrer in schwarzen Talaren, die bei den Verkehrsopfern am Grabe predigen: «Gott, dem Allmächtigen, hat es gefallen .....». Es hat unserem Herrgott überhaupt nicht gefallen, dass im Behördenwahn da ein fünfundzwanzigjähriger Familienvater durch Aufprall auf einen Baum von seinen drei- und vierjährigen Kindern weggerissen wurde. Sein Auto war kein schienengebundenes Fahrzeug. Der Ball eines Kindes, ein scheues Reh, eine Windböe, eine Öllache oder Glatteis können uns von der Strasse abbringen, es gibt hundert Gründe. Jeder Baum, der an einer Landstrasse neu gepflanzt wird, ist ein staatliches Verbrechen, jeder Betonmast, der unmittelbar am Strassenrand eingegraben wird, ebenfalls. Beide gehören in die Landschaft, keinesfalls jedoch in die unmittelbare Nähe von motorisierten Fahrzeugen.

Als auf Anregung von Schillers Vater, der eine Baumschule betrieb, im Lande Württemberg Apfelbäume den Strassen entlang gepflanzt wurden, da war das segensreich, der Most erreichte den hohen Stand eines Nationalgetränks. Pferd und Kutscher zogen im sommerlichen Schatten unter den Früchte tragenden Bäumen geruhsam dahin. Doch heute fahren wir Auto, wir sind schneller geworden. In unserem Jahrhundert sollte Buschwerk angepflanzt werden, Haselnuss-Sträucher beispielsweise wirken am Strassenrand für den von der Fahrbahn Abgekommenen wie ein Fallschirm. Der Fahrer steigt in diesen Unglücksfällen meist unverletzt aus, betrachtet seinen abgebrochenen Seitenspiegel, einige Kratzer am Wagen, und er fährt in die nächste Werkstatt.

Leitplanken müssen versenkt werden. Nachdem in Waiblingen eine unversenkte Leitplanke wie ein Schwert durch ein Auto gedrungen war, dabei den Fahrer durchbohrt hatte, nachdem einige Tage darauf genau das gleiche in Welzheim geschehen war, beschloss ich zu handeln. Mit Freunden begann ich, die Planken aufzuschrauben, wir gruben Löcher in den Boden, versenkten und schaufelten wieder zu, so einfach ging das. Erst jetzt durfte von Leitplanken und nicht mehr von Aufspiessplanken gesprochen werden. So versenkt, saust das Auto, das von der Strasse abkommt, nicht mehr wie ein Pfeil in die einen halben Meter über der Erde stehenden Wulstköpfe, sondern es gleitet und rutscht an der Planke entlang und die Unfallfolgen sind sehr viel geringer für Fahrer und Fahrzeug. – Mich kosteten die «Sachbeschädigungen» an Leitplanken insgesamt DM 6.000.- an Geldstrafen. Die Weisheit der Richter ist, das wissen wir bereits: «Es fehlt dem Angeklagten die Einsicht, dass Missstände nur von den zuständigen Behörden beseitigt werden dürfen.»

Meinen Kampf für die Wandlung der Spiess- in Leitplanken setzte ich fort mit Aufrufen in Zeitungen des Landes Baden-Württemberg, wirkungsvolle Fotos unterstützten die Öffentlichkeitsarbeit, die ich aus meiner Tasche zahlte. Bei den «Palmer-Vermischt-Anzeigen» haben die Versuche einiger Blätter nie aufgehört, mich im Sinne der Filbingerschen

Obrigkeit zum «Polit- und Verkehrsclown» abzuwerten. Ganz einfach durch Verfälschungen im Text. Mit grossem Behagen druckte der schizoide Hamburger «Spiegel», ewig schwankend zwischen Kasse und Wahrheit, im Juni 1978 eine der Verfälschungen nach: «Rhabarber 10 kg – nicht km, 6.-, 2 kg 1.50 DM». Natürlich spreche auch ich beim Rhabarber nicht von Kilometern. Ebenso natürlich hat das Magazin seine Verdienste dabei, den Alt- und Neurichter Filbinger von der Bühne zu holen, auf die er nicht gehört. Nur eben ist das Blatt keine Kämpfernatur, sondern ein Erwerbsunternehmen. Dass auch beim «Spiegel» mein Berichtigungsverlangen erfolglos blieb, das braucht dem Kenner der Verleumdungsfreiheit, die für die Bundesrepublik Deutschland gilt, nicht näher erläutert zu werden.

Inzwischen gelten unversenkte Leitplanken allerorten als gemeingefährlich und kürzlich hat der Herr Bundespräsident einen Beamten in München mit dem Bundesverdienstkreuz geehrt, weil auch er – viele Jahre nach dem «Remstalrebellen» – auf deren Gefährlichkeit hingewiesen und die Versenkung in seinem Bereiche durchgesetzt hatte. Ein Orden für «Zivilcourage». Trotz aller Presse-Behinderungen habe ich mit meinen Zeitungsanzeigen viel erreichen können. Hier beschränke ich mich auf ein kleines Beispiel: In der «Waiblinger Kreiszeitung» wies ich mit einer Anzeige für Spargel auf eine neu angelegte Verkehrsinsel hin, auf ein frisch erstelltes behördliches Verkehrshindernis. Die Insel war breiter als die ganze Strasse. Wollte ein Lastwagenfahrer beim Einbiegen nicht drauf geraten, sich also nicht strafbar machen, so musste er seinen Anhänger abkuppeln und von Hand herumziehen. Bei diesem Behördenstreiche ging es prompt, das Strassenbauamt Schorndorf verkleinerte die Betonaufschüttung am folgenden Tage um einen guten Meter und allen «Verkehrsteilnehmern» war geholfen.

Bordsteine müssen abgeschrägt sein. Ähnlich wie bei den Leitplanken ist es hier. Mit Granitsteinen, die senkrecht stehen, sause ich wie ein Geschoss in den Gegenverkehr, wenn ich ganz plötzlich einem blöd Fahrenden ausweichen muss, wenn ich dabei an einen nicht abgeschrägten Strassenrand gerate. Ausserdem sind die Bordsteine oft so hoch, dass alte Frauen am Stock und junge Mütter mit Kinderwagen die grössten Schwierigkeiten haben, diese 'Panzersperren' zu überwinden. Wir werden noch erleben, dass unseren Jüngsten im Wägelchen rot-weisse Sturzhelmchen aufgesetzt werden.

Von einer der zahlreichen Gerichtsverhandlungen aus Schorndorf kommend, wurde ich an einem Mittag Zeuge, wie ein Stuttgarter Junge so unglücklich in Geradstetten mit dem Fahrrad stürzte, dass er auf der scharfen Kante des hohen Steins mit dem Kopf zuerst aufschlug, das Kind starb einige Tage darauf im Krankenhaus. Das auf der Strasse zurückgebliebene Blut sammelte ich in einem Wattebausch und diesen Bausch hielt ich am nächsten Morgen bei der weiteren Verhandlung (es ging mal wieder um 'Eigenmächtigkeiten', die Verkehrslage zu verbessern) dem Richter Goll und dem Staatsanwalt mit den notwendigen Erklärungen unter die Nase. «Makaber, makaber,» das war die einzige Antwort, die da oben gestottert wurde, als die beiden sich erschreckt abwandten.

Noch dümmlicher antwortete mir im Bonner Verkehrsministerium der Oberregierungsrat Trenkle, Schwabe wie ich. Diese kantigen, nicht abgeschrägten Steine müsse man im Bayrischen Wald in grossen Mengen kaufen, die Bevölkerung dort sei sehr arm, sie benötige das Geld, das mit den Abschrägungen sei sehr, sehr schwierig, das habe man dort an der tschechischen Grenze noch nie gemacht, das sei schon immer so gewesen, da müsse man eben einiges in Kauf nehmen. Sind das nun die Männer, denen wir das Vordenken überlassen sollen? Ich leiste Widerstand.

Durch schludrige Verkehrsführung, durch beständige Überforderung der Kraftfahrer werden unsere Beamten schuldig – sie wissen, was sie nicht tun – an der jährlich steigenden Zahl der Verkehrstoten. Ein Grossteil dieser Verkehrsplaner kann ohne weiteres als Strassenmörder bezeichnet werden. In den Strassenbelag gehört Splitt, heller Splitt, der unsere Scheinwerfer nachts widerspiegelt. Bei den schlechten Lichtverhältnissen in Mitteleuropa von Oktober bis Mai wird mein Autolicht vom rabenschwarzen Teerbelag verschluckt. Immer wieder gibt es Sekunden, in denen ich Blindekuh spielen muss. Auch im Punkte der Sichtverhältnisse stossen wir in amtlichen Stuben auf ohrenbetäubendes Schweigen. Der Lastwagenfahrer, der kürzlich vor mir auf der Strecke nach Uhingen fuhr, wehrte sich mit seinen begrenzten Möglichkeiten. «Baut hellere Strassen mit Zement,» das war die Forderung, die er in Grossbuchstaben hinten drauf gepinselt hatte.

Ein weiteres Behördenverbrechen im Strassenbau sind

Böschungen, die unmittelbar an der Fahrbahn liegen. Trotz Sicherheitsgurt, den ich natürlich befürworte, brechen die Leute sich das Genick, wenn sie hinunterrauschen. Zwei Meter Sicherheitsstreifen fordere ich statt der aus der Pferdekutschenzeit stammenden Strassengräben. Das Wasser, das vom Himmel fällt, bringe ich besser weg mit Überbauungen, Schächten und Ableitungen.

Damit komme ich zu dem grossen Regen, der im Mai 1978 auf unser Land kam. Alle Amtsinhaber versuchen mit sonst ungewohntem Eifer, sich gegenseitig die Schuld in die nassen Schuhe zu schieben. Tatsächlich haben sie insgesamt um die Wette versagt, als die Bürger die angebliche 'Jahrhundert-Katastrophe' längst kommen sahen. Wenn man alle Sümpfe, natürliche Aufsauger, trocken legt, wenn man die Strassen und Fabrikanlagen ohne notwendige Rückhaltebecken baut, dann kommen diese Katastrophen zwangsläufig. In Nürtingen und Winnenden gabs Empörung, der ganz ohne Zweifel sehr schuldige Rat von Köngen suchte die Übeltäter ein paar Kilometer weiter neckaraufwärts. Dort verwies man auf Stuttgart und in der Landeshauptstadt zeigte man mit grossen Fingern auf Bonn, die Hauptstadt unseres Provisoriums und auf die dortigen Langschläfer.

Im Raume Ettlingen/Karlsruhe war die Autobahn tagelang überflutet. Alle Bürgerhinweise an die Autobahnverwaltung, beiderseits der Bahn müsse eingedeicht werden, verhallten ungehört. Die «Jahrhundert-Hochwasser», die alle paar Jahrzehnte auftreten, pflegen sich, so lautet offenbar die amtliche Weisheit, anzukündigen. Gegen derartige Wassermassen, so liess es sich die Leutenbacher Gemeindeverwaltung von einem dafür bezahlten Experten schriftlich geben, sei nun einmal «kein Kraut gewachsen». Unsere landwirtschaftlichen und gärtnerischen Kulturen wurden zerstört, das Viehfutter auf den Wiesen verwandelte sich durch die angeschwemmte, anhaftende Erde in gesundheitsschädliche Strünke. Bei allen amtlichen Versäumnissen der Wasserabteilung bleibt mir nur der rote Faden meiner Darlegungen: «Selbstverwaltung der Bürger» – die wissen, «wo der Teig goht.»

Die Amtlichen verwirren uns Autofahrer mit Schildern, oft stehen da fünfe und mehr über- und nebeneinander. Statt Kuppen abzutragen, die den Gegenverkehr unsichtbar machen, stellen sie ein Schild auf: «Achtung Kuppe!» Es ist, als setze der Autofahrer eine flatternde Fahne aufs Wagendach: «Achtung betrunken!» Für jede Gefahrenstelle, die sie trotz aller Unfälle durch Jahre nicht beseitigen, haben sie ein Schild: «Achtung. Unübersichtliche Stelle!», «Achtung. Bei Regen Strassenüberflutung!». «Achtung. Glatte Reifen!», kein verantwortungsbewusster Autofahrer klebt sich dieses Schild an seinen Wagen, er achtet auf Sicherheit im Verkehr, es geht um seine Haut.

Als einige Helfer und ich im Jahre 1973 mit Pickeln, Schaufeln, Zement, Kies und Baggern anrückten, um in der Berglen-Gemeinde die grössten Schlaglöcher zuzuschütten und um das dort neben der brüchigen Strassendecke fliessende Rinnsal untererdig mit Betonröhren anzulegen, da hatten die Behördlichen nachträglich nur ein Wort der Anerkennung: «Murks.» Es gibt, so glauben sie, noch viel zu versäumen, um uns und unsere Mutter Erde umzubringen – lasst Schlaglöcher einreissen, lasst stinkende Abwässer im Freien laufen.

Kurz nach der Berglen-Aktion blockierten wir den Beutelsbacher Bahnübergang, einen der schlimmsten im Lande, mit meinem Gemüselaster und anderen Fahrzeugen. Als Polizei anrückte, fuhren «die Aufmüpfigen», so der Pressebericht, «sehr, sehr langsam von dannen, im Tempo der Deutschen Bundesbahn.» Die hinzugekommenen Bundesbahner sahen das alles «nicht ohne Wohlwollen,» so berichteten die Zeitungen über diese Schrankenwärter. «Dieser Übergang ist eine 'Sauerei', die wir unzählige Male höherenorts moniert haben – getan wurde jedoch nichts.» Sicherlich werden die beiden Braven auf die nächste Beförderung ein wenig länger haben warten müssen. Ein Jahr darauf zeigten die Zeitungen dann Fotos vom endlich verbreiterten Bahnübergang in Beutelsbach.

Der behördenbedingte, sinnlose Verkehrstod geht in erster Linie auf das Konto der Planer. Die Verluste im Strassenverkehr übersteigen die Milliardengewinne bei weitem, die Wirtschaftskriminelle aus der Volkswirtschaft herausziehen. Statt die Gefahrenstellen abzubauen, die an den Fähnchen auf den Karten ihrer Wände deutlich abzulesen sind, schaffen Strassenbauer als Salbe auf die Wunden noch mehr Notrufsäulen, setzen die Polizeiverwaltungen noch mehr Radarkontrollen, noch mehr Hubschrauber ein. Die Strassenpolitik der Nach-, nicht der Vorsorge.

In Stuttgart schalten die Verkehrslenker, was ich selbst weit hinten in der Türkei nicht mehr sah, auch nachts, wenn stundenlang keine Fussgänger kommen, die Ampeln auf rot. Der

Lastwagenfahrer starrt um vier Uhr früh alle Augenblick auf die menschenleere Strasse – so sichern sich Beamte.

Meine Beschwerden in Bonn über Planungsverbrecher und Planungsverbrechen waren nicht für die Katz, so scheint es mir, doch sind dortige Erfolge nicht messbar. Meist empfingen mich und meinen Gemüsewagen in der Metropole am Rhein die «Grünen» mit dem Argument «Bannmeile». Kam ich dann endlich an die Abgeordneten des sogenannten Hohen Hauses, dann flüsterten sie: «Ganz Ihrer Meinung, lieber Herr Palmer. Bitte jedoch darum, nicht meinen Namen zu nennen.» Seitdem bin ich nicht mehr so ganz davon überzeugt, dass die paar Damen und die vielen Herren ausschliesslich ihrem Gewissen unterworfen sind. Die Lobbyisten mächtiger Interessen-Verbände zählen in Bonn nach Tausenden, ihre Krokodilledertaschen enthalten unter anderem «Beraterverträge».

Im «Bundesdorf» (Volksmund) sah ich Pläne, Pläne, Pläne. Würde man alle Strassen bauen, die diese Planer geplant haben, dann wäre die BRD sehr bald ein Land von Beton- und Asphaltpisten. Wir haben keine Ukraine zu erobern, der Versuch ist gescheitert. Land zur Ernährung künftiger Generationen muss dem Ackerbau erhalten bleiben. Strassen gibt es genug, sie müssen – das bleibt zu tun – dem Verkehr angepasst werden.

Ausgerechnet da, wo es Tag und Nacht klopft, da wollen sie neue Autobahnen bauen. Es ist so, als versuche ein Trunkener, in eine volle Flasche Wein einen weiteren Liter zu schütten. Sehr bald merkte ich, ein einziges Amt allein kann gar nicht so dumm sein, derart zu planen. Da sitzen ganze

Heerscharen und zeichnen, rechnen und messen. Die Neckar-Alb-Autobahn wollen sie ausgerechnet am Aichelberg vorbeiführen, da wo rund um die Uhr Warnungen für den Autofahrer durchgegeben werden. Bei dieser Fehlkonstruktion sind Dutzende von Millionen Mark bereits in Fehlplanungen gegangen. Seit 1972 gibt es in der Südwestpresse das Wort von der «Palmer-Linie», da ist das letzte Wort noch nicht gesprochen. Inzwischen erklären unabhängige Gutachter, es stimme einfach nicht, «dass ohne Neckar-Alb-Autobahn das nachfolgende Strassennetz randvoll wird.» Überheblichkeit, Eigenwilligkeit, Starrsinn stinken aus den Räumlichkeiten der Strassenbaumeister zum Himmel. Schreibtischtäter halten nichts von Autofahrern mit zwei Millionen Kilometer Fahrerpraxis. Statt neu zu bauen, sollten Kurven mit entgegengesetzter Fluchtgeschwindigkeit begradigt, Kuppen abgetragen, schmale Zuführungen verbreitert werden.

Zeitungen irren nach tödlichen Unfällen anderntags mit grosser Unwissenheit: «Aus ungeklärter Ursache .....» Richter, die oft noch nicht einmal ihren Führerschein schafften, verurteilen unschuldige Autofahrer am laufenden Kilometer. Auf der B 14, der B 27 und der B 29 (der staatlichen Mordstrecke zwischen Stuttgart und Aalen) sterben in Baden-Württemberg Tag für Tag Menschen. Selbst wenn an ein und derselben unübersichtlichen, nicht begradigten Stelle bereits zwanzig Menschen den Tod fanden, Richter und Staatsanwälte kennen den Schuldigen: Der Autofahrer ist es, nicht der Beamtenkollege vom Strassenbauamt. Die Akten kommen auf den Richtertisch, die Gesetzesbücher liegen daneben, der

Planungsverbrecher bleibt frei, keiner klagt ihn, den wirklich Schuldigen, an. Die Unfallschwerpunkte sind seit Jahren die gleichen, keine Behörde, kein Staatsanwalt fühlt sich zuständig, die Gefahrenstellen in den Griff zu bekommen.

Bei Nachfragen in Stuttgart und Bonn wiederholt sich das alte Spiel mit dem Schwarzen Peter: Von Filbinger-Beamten erhalten wir den Hinweis auf die «Roten» in Bonn, die das Geld nicht herausrückten, und kommt einer vom mittleren Rhein in unser Remstal, so tönt er in Gasthäusern: «Wir hätten das Geld schon längst gegeben, aber die unfähigen Behörden des Herrn Filbinger, die keine vernünftige Planung zuwege bringen, die machen es unmöglich.» Wir «Verkehrsteilnehmer» haben also etwas zum Aussuchen und dürfen weiterhin auf Mordstrecken sterben. Die «amtliche Lebensverkürzung» wartet auf eine Untätigkeitsklage, welcher Anwalt erhebt sie?

In der gesamten Bundesrepublik gibt es keine vergleichbare Stadt, in die sich täglich Hunderttausende Bürger so zu ihren Arbeitsplätzen quälen müssen wie eben Stuttgart. Abends läuft der Kampf dann wieder auf vollen Touren. Die Gegebenheiten der Natur spielen dabei eine untergeordnete Rolle. Um das Fass zum Überlaufen zu bringen, wird die Neckar-Alb-Autobahn so geplant, dass auch die noch einigermassen freien Zufahrtstrassen in die Stadt blockiert werden. Nun endlich stimmte mir kürzlich auch Herr Rommel im «Remstäler Hof» von Stetten voll zu, dass, wenn schon, die Neckar-Alb-Autobahn auf die Linie der B 312 als Aussenradius gelegt werden müsse. Neuerdings haut auch der Justizminister Dr. Palm in die Kerbe, die nicht zu seinem Ressort gehört. Recht so. Wir Bürgerrechtler haben Meinung gebildet.

Ich wiederhole: Wir brauchen mehr Menschen, die aufstehn und die Wahrheit sagen. Ohne uns, die es in aller Welt gibt, hätten die US-Amerikaner in Vietnam entweder Atombomben geworfen oder aber sie stünden noch heute in jenem fremden Lande. Bürokraten und «Offizielle» haben auch bei uns nichts zu ihrem Abzug beigetragen, eher ist das Gegenteil der Fall.

Die Ansammlung behördlicher Fehlplanungen im Filbingerland möge dieses kleine Beispiel abschliessend im Ohr meiner Leserschaft rauschen lassen: In der Landeshauptstadt haben wir neuerdings eine Flüchtlingswelle aus dem näheren Süden. Aus Nellingen, Denkendorf, Scharnhausen strömen die Menschen aus ihren vor zehn Jahren erbauten Siedlungen in die Stadt zurück. Der Flugplatz wurde wieder einmal vergrössert, rückte noch näher an ihre Häuser heran, die Menschen halten den Fluglärm nicht mehr aus. Bereits vor zehn Jahren haben die Flughafenplaner von diesen Verlängerungen und von der Richtung sehr genau gewusst. Keiner von ihnen hat es den Bürgern gesagt, die Gesundheit der Mitmenschen ist ihnen ein Hohngelächter der Hölle wert.

Ich bleibe dabei: Planungsverbrechen.

AUSBLICK: ABLÖSUNG DURCHS BÜRGERRECHT

Als ich Ostern 1978 vom Kurzurlaub an der französischen Mittelmeerküste über die Schweiz heimfuhr, zeigte mir im Lande der Eidgenossen ein alter Weggenosse an einem Sonntagmorgen seinen Wahlschein: «Ich geh zur Richterwahl.» Bei seiner Begleitung blieb ich plötzlich stehen. «Weisst du,» sagte ich und blickte in Richtung Norden, «hätte es bei uns in der Bundesrepublik je Richterwahlen gegeben, noch keinen Tag seines Lebens hätte dein Freund Helmut Palmer im Knast gesessen.»

Vom Richter Filbinger wissen wir es ganz genau: Richter sind bei uns nicht, wie die Legende behauptet, unabhängig. Sie unterliegen Weisungen, sie haben Vorgesetzte, Direktoren, Präsidenten, Admiräle. Diese Gerechtigkeitsbosse wiederum schauen auf zur «höheren Gewalt», die in der Hauptstadt thront und Beförderungen ausspricht. Wenn nicht die Richter, so sind es deren Ehefrauen, die auf Beförderung pochen und drängen. Titel zählen, der Rechts-Staat bleibt auf der Blut-und-Tränen-Strecke des schwarzen Paragraphenwaldes, in dem das juristisch nicht vorgebildete Volk über allerhand Schlinggewächse stolpert und strauchelt, bis hin zur Psychiatrischen Klinik. Solange titelsüchtige Karriererichter für wechselnde Regime «Recht» sprechen, solange es keine Wahl unabhängiger Richter durch das Volk gibt, solange ist bereits der erste Satz in einem jeden Urteil Lüge: «Im Namen des Volkes.»

Vom Scharf-Richter Filbinger wissen wir weiterhin dieses: «Töte, um nicht getötet zu werden,» diese schlimme Faustregel gilt an der Front. «Töte, um nicht an die Front zu kommen,» diese Überlebensregel gilt für Kriegsrichter in der Etappe. Auch seine advokatorische Verteidigung, alle Verlautbarungen seiner 'öffentlichen Laufbahnburschen', auch Tonnen von Druckerschwärze seiner Presse-Mitläufer werden es nicht schaffen, die endlich offenbar gewordene Wahrheit in den Boden unseres Grundgesetzes hineinzustampfen.

Das «pathologisch gute Gewissen» des Herrn steht zur Debatte. Übrigens seit langem schon. Bereits vor einem halben Jahrzehnt fiel ihm – was gerne unterschlagen wird – bei der Gedenkfeier für den 20. Juli 1944 in Berlin, als ausgerechnet er zur Rede anhub, die Versammlung laut ins Wort: «Heuchler.»

Im Lande Baden-Württemberg des Ministerpräsidenten Filbinger plagen mich seit langem Zweifel, ob in diesem Ursprungsland des westdeutschen Terrorismus die Obrigkeit nicht den Rückfall in die totale Obrigkeit bewusst herbeirichtet, herbei-urteilt, um das jetzt drei Jahrzehnte alte Grundgesetz der BRD scheibchenweise abzuschneiden, um endlich die 1949 verbrieften Freiheitsrechte der Westdeutschen völlig absäbeln zu können.

In diesem Land, in das man von draussen wie in eine belagerte Festung kommt, sind von Richtern, die dem Richterkollegen selbst bei Tötungsdelikten als Höchststrafe vorzeitigen Ruhestand, voll bezahlt natürlich, zumessen, Disteln ausgesät worden. Bei der heranreifenden Entscheidung zwischen staatlichem Justiz-Behörden-Terror und dem ebenso schrecklichen Gegenterror der Bombenleger müssen die Bürger ganz zwangsläufig zu Bürgerrechtlern werden, ihre Angelegenheiten schliesslich in eigene Hand nehmen.

Immer hohler klangen mir die Sonntagsreden des früheren Präsidenten Heinemann, der im Dienste versprochen hatte, in seinem Ruhestand mit dem Berufsbeamtentum, mit dem «Selbstbedienungsladen derer, die drin sind», in Buchform abzurechnen und der dann seine Ruhejahre wie ein Beamter a.D. mit Nichtstun verlor. «Das Grundgesetz,» so tönte der Mann bei seinem Übertritt vom rechten auf den linken Flügel der Westdeutschen Einheitspartei, «ist kein Verschiebebahnhof.» Die Entwicklung hat ihn voll widerlegt.

Immer unglaubwürdiger klingt mir das Gerede des Präsidenten Scheel, wir Bürger sollten «mehr Zivilcourage» zeigen. Das Geschwätz des früheren Kanzlers Willy Brandt, wir bräuchten ein «Mehr an Demokratie», das war bei meiner täglichen Begegnung mit der rauhen Wirklichkeit ja nicht mehr auszuhalten. Durch Terror-Urteil der Dritten Gewalt werde ich doch alljährlich in meiner Freiheit beschränkt, zur Kasse gebeten, in meinem Ruf geschädigt, auch wenn ich nur eine für meine Mitmenschen tödliche Kastanie aus dem Wege räume. Zuletzt sass ich Anfang 1978 in Ludwigsburg ein, weil ich als Zeuge einen viel zu spät kommenden Richter im Vorjahr auf meine Erdbeerernte aufmerksam gemacht hatte. Mit offiziellen Verlautbarungen warnten schwäbische Landratsämter vor Helmut Palmer, als ich zum Schutze der Bürger antrat, die Dokumente zur Zeitgeschichte liegen bei mir.

Was denkt sich denn nur ein Kanzler Schmidt dabei, wenn er ins Land fragt, er verstünde die westdeutschen Architekten nicht, er begreife überhaupt nicht, wieso denn nicht endlich sie gegen die drei- bis vierhundert Auflagen bei Bauvorhaben, die sich teils ausschliessen, Sturm liefen, auf Tische hauten und so schnauzenweiter. Ja, weiss der Mann in seinem Bonner Verwaltungs-Getto denn nicht, was dann dem Architekten blühen würde? Eine der zwei Dutzend «befassten» Behörden liesse ihn warten bis nach dem griechischen Kalender, das heisst, der zahlende Kunde dieses Architekten bliebe draussen im Regen stehen oder drinnen in seiner Altbauwohnung sitzen. Das Gesetz des Paragraphendschungels heisst: «Bückling vor dem Bürokraten.» Jeder weiss es, Helmut Schmidt wird es auch wissen. Brecht dieses elende Gesetz, damit fängt es an.

Beim kleinsten Versuch, die Bonner Schönredner im Lande Baden-Württemberg beim Wort zu nehmen, geht es Schlag auf Schlag. Ich darf dem Gesetz zufolge meine Mitbürger überhaupt noch nicht einmal vor Unfällen schützen, Richter und Staatsanwälte bekämpfen mich aufs heftigste dabei. Ich darf doch nicht einmal meinen im Gesetzeswald nicht bewanderten Mitbürgern Rechtsrat erteilen, Standesbestimmungen der alten Kaste verbieten es. Ich tue es dennoch, ich leiste

Widerstand. Wenn ich als Bürgerrechtler eines der schönen Präsidenten- oder Kanzler-Worte für bare Münze nehme, der Scherge lauert schon an der nächsten Ecke.

Auf der Frankfurter Buchmesse des Jahres 1977 erläuterte ich meinen Kampf einigen hundert Zuhörern, die möglicherweise etwas zu laut Beifall klatschten, in freier Rede. Bei der Eröffnung war diese grösste Buchveranstaltung der Welt öffentlich zum «Forum der Geistesfreiheit und Toleranz» erklärt worden. «Was geht denn uns das an?» riefen hinzuspringende Kriminalbeamte, denen einiges an meinen Ausführungen nicht behagt hatte. «Wir tun hier nur unsere Pflicht!» Die Frankfurter Polizisten zogen schliesslich unter Bravo-Rufen der versammelten Verleger und Ausländer ab, die Filbingerschen hätten mich am Arm gepackt und 'mitgebeten'. Wir erleben in der BRD Unterschiede zwischen 'Musterländle' und Ländern.

«Es gibt ein Defizit von Widerstand in Deutschland.» Hat das Helmut Palmer gesagt? Nein, verehrte Leser, das ist noch so ein Wort des früheren Präsidenten Gustav Heinemann, Corps-Student, Syndikus der Ruhrindustrie und Anwalt derjenigen, dies Geld für einen Essener Anwalt übrig haben.

Auch der Wanderer zwischen den Parteiflügeln, wir verweilen noch einen kleinen Augenblick bei dem ex-Präsidenten Heinemann, wusste sehr genau, dass auch nach 1945 der Versuch einer Demokratie in Deutschland sehr bald gescheitert war. Keiner erkannte Anfang der fünfziger Jahre besser als der damalige Innenminister Gustav Heinemann, wie unverfroren unser Volk in seiner Lebensfrage der Vernichtung durch Atombomben (der Adenauerschen «weiterentwickelten Artillerie») von ewig hungrigen Rüstungs-Hyänen, von ihrem Spitzenkandidaten Konrad Adenauer (der durch zwölf lange Jahre 'zähneknirschend' die Pension des Dritten Reiches in die Tasche gesteckt hatte, obwohl Millionär) auf den alten Leim geführt wurde. «Eine Volksabstimmung ist im Grundgesetz nicht vorgesehen,» dieses Adenauer-Wort bei der Gegeneinanderbewaffnung der Deutschen brachte jeden ernsthaften Widerständler vor den Kadi. Hat Heinemann, was er später hätte tun können, die Volksabstimmung nachgeholt? Mitnichten! Gegen Advokaten (der Schwerindustrie) braucht man Demokraten!

Wenn die Hure alt wird, wird sie fromm. Bei dem nahtlosen Übergang meiner politischen Widersacher von der NS- in die CDU-Partei unter Anführung des Spitzenreiters Filbinger habe ich, Helmut Palmer, Demokratie und nochmals Demokratie gepredigt, oft leider gegen stummes Unverständnis meiner Mitbürger. Die Frage, was wir bei der endlichen Demokratisierung unseres Landes von Staatsparteien zu erwarten haben, ist mir – heute noch – erlaubt. Meine Antwort lautet schlicht und einfach: Nichts! Wir fahren kein Auto mehr vom Baujahr 1933, auch kein Fahrzeug mehr aus dem Jahre 1948, das Gefährt vom Ende des zweiten Jahrtausends hat einen Namen, es heisst: «Bürgerrecht.» Ich hoffe und bete, diesen wirklichen – nicht kriegsgeschwindelten – Volkswagen noch erleben zu können.

Bei der Umwandlung des Systems der Hinhaltenden Hinderungen in funktionierende Bürger-Selbstverwaltungen, bei der Abschaffung des Berufsbeamtentums also, haben wir, um es nochmals zu sagen, von Parteien keinen Kaviar zu erwarten. Die Parteien, die Volksorganisationen hätten sein sollen, sind für jeden Beobachter deutlich genug sichtbar – zu Interessen-Vertretungen des Berufsbeamtentums herabgesunken. Die angeblichen 'öffentlichen Diener' machten sich auf leisen Sohlen im Laufe weniger Jahrzehnte zu Herren der Legislative und Exekutive gleichzeitig, zu Machern der Gesetzgebung, der Gesetzesauslegung und Gesetzesausführung. Diese kleine lebenslänglich abgesicherte Minderheit bevölkert unsere Parlamente zu etwa zwei Dritteln, ist dabei lustig und guter Dinge, die sogenannten Fachausschüsse beherrschen die Unkündbaren fast einhundertprozentig. Das arbeitende Volk halten sie im Lande der Schulen und Kasernen im Zangengriff, gelernt ist gelernt. In und mit ihren Begünstigungsbehörden sind sie sicher, in der besten aller Welten zu leben. Jugendarbeitslosigkeit, Inflation, Staatsverdrossenheit sind ihnen Kassandrarufe, die sie nicht viel angehn. Die amtliche Unterdrückung der Vordenker hat bei uns reiche Tradition: «Der Schneider aus Ulm hat das Fliegen probiert, da hat ihn der Teufel in die Donau geführt.» Recht geschah ihm, warum wollte er auch hoch hinaus. Den Daimler jagten Polizisten mit seinem Motor aus der Stadt, den Friedrich Schiller wiesen sie mit seinen Freiheitsgedichten aus dem Land.

Dass ein Durchbruch erzielt werden kann mit neuen Parteichen, die sich ein kleines Teilziel gesteckt haben, daran glaube ich nicht. Da diese Gruppierungen nicht auf den

Grund der Dinge, auf das längst überflüssig gewordene Berufsbeamtentum, stossen wollen, werden sie früher oder später von Amtsinhabern mit bezahlter Freizeit unterwandert, mit Geldern aus dem grossen Steuertopf beschustert – und alles ist hin. Mit der Automatisierung haben wir die zweite industrielle Revolution. Mit einer seit langem möglichen 30-Stundenwoche, in der alle mit anpacken, verfügen wir über genügend Zeit, uns selbst zu verwalten. Unsere Fähigkeiten sind zumindest doppelt so gross wie die geringen derer, denen man bereits beim Schulabgang an langsameren Bewegungen den künftigen Bürokraten ansieht.

Einer Frau Lucie Ziegler aus Schorndorf ist es gelungen, ihre Erkenntnisse über die Filzokratie der Faulen in die Presse zu bringen: «Der Missbrauch der Begriffe Demokratie und Freiheit wird zusehends grösser. Als Demokrat kann man kein verfassungswidriges Parteien-Monopol befürworten. Gerade verantwortungsbewusste und wache Kräfte, die Demokratie verwirklichen wollen, sehen sich durch die hoffnungslos mit der Grossindustrie verfilzten und von ihr abhängigen Parteien gezwungen, lebendige Bürgerinitiativen zu gründen. Der schrankenlose Egoismus, der heute alles antreibt und der gesetzlich sanktioniert wird, muss durch menschliche Qualitäten und Vernunft abgelöst werden, wenn kommende Generationen noch eine Chance haben und der Wegwerf-Mensch nicht der Wegwerfware folgen soll.»

Mit fünf Fingern macht man eine Faust: Die aus Schmier- und Steuergeldern gespeiste Westdeutsche Einheitspartei (bei der in zwei Punkten allgemeine Übereinstimmung herrscht, sich die Diäten zu erhöhen und trotz klarer Gesetze die Geldquellen nicht zu zeigen) ist der grosse Mittelfinger, Berufsbeamtentum, Parlamente, Regierungen und der Transmissionsriemen Presse sind die anderen. Diese geballte Hand ist es, die auf Westdeutschlands Bürgerrechtler schlägt, sobald keiner richtig hinsieht. Diese Faust hat einen verlängerten Arm – die Justiz. Wohin -- ich bitte das fragen zu dürfen – wäre ein Filbinger gekommen ohne den helfenden 'Arm der Gerechtigkeit'? Ohne die Begünstigungsbehörde, die bei Bürgerrechtlern hinlangt bis zur Einlieferung in die 'Psychiatrische' auf dem Hohenasperg? Es ist verboten zu sagen, Filbinger sei auf freiem Fuss dank dem Schweigen derer, die ihn kannten. An dieses Verbot halte ich mich, vom Hohenasperg träume ich noch heute schlecht.

Ohne Rolf Hochhuth hiesse der nächste Präsident der Bundesrepublik Deutschland demnächst Hans Filbinger, das ist leider wahr. Wo sind wir denn mit unserer Freiheit, der Pressefreiheit, dass auch dieser deutsche Schriftsteller und Vorkämpfer (der vorsichtigerweise in Basel lebt) das geschäftliche Unternehmen «Spiegel» (das mit Filbinger eine private Rechnung zu begleichen hatte) benutzen muss, von dem Hochhuth sehr präzise behauptet: «Der Spiegel bleibt mit den Herren unter sich. Des Spiegels Horizont ist des Spiegels Auflagenpegel.»

Beim verlängerten Arm der eben beschriebenen Faust kommt mir diese jüngste Justiznachricht vom Mai 1978 auf den Schreibtisch: Da nähert sich im leeren Zuge nach Ulm ein uniformierter Polizist einer allein reisenden Frau, er macht seinen Hosenladen auf ..... es erfolgt Anzeige. Zunächst streitet der Bulle alles ab, dann taucht ein nichtbeamteter Zeuge auf, der vom Nebenabteil beobachtet hatte und der Rest der Geschichte ist schnell erzählt. Lebenslänglich volles Ruhegehalt, vorgezogen, für den Beamten.

Sie versüssen sich das Leben auf den breitesten Grundlagen, uns verkürzen sie es amtlich. Dass ihre Lebenserwartung um zehn Jahre über der unseren liegt, das sagt die Statistik.

Natürlich fordert auch ein Helmut Palmer die Abschaffung des Berufsbeamtentums nicht von heute auf morgen über Nacht. So wie scheibchenweise von unserem Grundgesetz, zu dem ich stehe, abgeschnitten worden ist, so sollen wir es scheibchenweise wieder zusammenfügen: Personen- statt Parteienwahl. Bürgerinnen und Bürger, macht von eurem Bürgerrecht Gebrauch, solange noch Zeit ist. Wählt Personen eures Vertrauens statt millionengeschmierte Parteien, die das grössere Übel sind. Die Gesetze erlauben es. Schafft zwanzig, schafft dreissig, schafft viele Palmer.

Die Richterwahl ist die Krönung des antiken, wieder zu errichtenden Gebäudes, in das der wohlklingendste Name von allen eingemeisselt wird: Bürgerherrschaft.

Freie Wahlen brauchen keine Berufspropagandisten, die vorgestern Margarine, gestern Seife und heute Filbinger («seit 1933 pausenlos in Sorge um deine innere Sicherheit») anpreisen. Keine Propagandisten, die Kandidaten mit girls auf der Bühne hopsen lassen und Ministern raten, sich von einem Blatt wie «Bild» missbrauchen zu lassen. In wirklich freien

Wahlen siegt der Bürgerwille.

Bis zu diesen Wahlen warte ich auf ein Verdienstkreuz für den Vollzugsbeamten Messer, der mir in der Esslinger Gefängniszelle die Suppe ans Klo zu stellen pflegte und der am 27. März 1963, als ich von ihm zusammengeschlagen blutend am Zellenboden lag, im Beisein eines Rudels von Beamten-Zeugen (siehe Wallraff-Reportage aus 1969) höhnte: «Palmer, du Arschloch, du hast doch keine Zeugen.»

Die Verfassung des Landes Baden-Württemberg beginnt mit dem Satz: «Der Mensch ist berufen, in der ihn umgebenden Gemeinschaft seine Gaben in Freiheit und in der Erfüllung des christlichen Sittengesetzes zu seinem und der anderen Wohl zu entfalten.»

Gedruckt in der Schweiz
durch Coopérative d'Imprimerie du Pré-Jérôme - Genf
1978